SCIENCE

我与科学捉迷藏
QINGSHAONIAN AI KEXUE
少年爱科学
李慕南　姜忠喆◎主编 >>>>

UO YU KEXUE ZHUOMICANG

及科学知识，拓宽阅读视野，激发探索精神，培养科学热情。

最重的和最轻的

★ 包含各种科普知识，汇集大量精美插图，为你展现一个生动有趣的科普世界。让你体会发现之旅是多么有趣，探索之旅是多么神奇！

U0661911

吉林出版集团
北方妇女儿童出版社

图书在版编目(CIP)数据

最重的和最轻的 / 李慕南,姜忠喆主编. —长春：
北方妇女儿童出版社,2012.5(2021.4重印)
(青少年爱科学.我与科学捉迷藏)
ISBN 978 - 7 - 5385 - 6316 - 0

Ⅰ.①最… Ⅱ.①李… ②姜… Ⅲ.①科学知识 - 青
年读物②科学知识 - 少年读物 Ⅳ.①Z228.2

中国版本图书馆 CIP 数据核字(2012)第 061660 号

最重的和最轻的

出 版 人　李文学
主　　编　李慕南　姜忠喆
责任编辑　赵　凯
装帧设计　王　萍
出版发行　北方妇女儿童出版社
地　　址　长春市人民大街 4646 号 邮编 130021
　　　　　电话 0431 - 85662027
印　　刷　北京海德伟业印务有限公司
开　　本　690mm × 960mm　1/16
印　　张　12
字　　数　198 千字
版　　次　2012 年 5 月第 1 版
印　　次　2021 年 4 月第 2 次印刷
书　　号　ISBN 978 - 7 - 5385 - 6316 - 0
定　　价　27.80 元

前　　言

科学是人类进步的第一推动力,而科学知识的普及则是实现这一推动力的必由之路。在新的时代,社会的进步、科技的发展、人们生活水平的不断提高,为我们青少年的科普教育提供了新的契机。抓住这个契机,大力普及科学知识,传播科学精神,提高青少年的科学素质,是我们全社会的重要课题。

一、丛书宗旨

普及科学知识,拓宽阅读视野,激发探索精神,培养科学热情。

科学教育,是提高青少年素质的重要因素,是现代教育的核心,这不仅能使青少年获得生活和未来所需的知识与技能,更重要的是能使青少年获得科学思想、科学精神、科学态度及科学方法的熏陶和培养。

科学教育,让广大青少年树立这样一个牢固的信念:科学总是在寻求、发现和了解世界的新现象,研究和掌握新规律,它是创造性的,它又是在不懈地追求真理,需要我们不断地努力奋斗。

在新的世纪,随着高科技领域新技术的不断发展,为我们的科普教育提供了一个广阔的天地。纵观人类文明史的发展,科学技术的每一次重大突破,都会引起生产力的深刻变革和人类社会的巨大进步。随着科学技术日益渗透于经济发展和社会生活的各个领域,成为推动现代社会发展的最活跃因素,并且成为现代社会进步的决定性力量。发达国家经济的增长点、现代化的战争、通讯传媒事业的日益发达,处处都体现出高科技的威力,同时也迅速地改变着人们的传统观念,使得人们对于科学知识充满了强烈渴求。

基于以上原因,我们组织编写了这套《青少年爱科学》。

《青少年爱科学》从不同视角,多侧面、多层次、全方位地介绍了科普各领域的基础知识,具有很强的系统性、知识性,能够启迪思考,增加知识和开阔视野,激发青少年读者关心世界和热爱科学,培养青少年的探索和创新精神,让青少年读者不仅能够看到科学研究的轨迹与前沿,更能激发青少年读者的科学热情。

二、本辑综述

《青少年爱科学》拟定分为多辑陆续分批推出,此为第四辑《我与科学捉迷

藏》,以"动手科学,实践科学"为立足点,共分为 10 册,分别为:

1.《边玩游戏边学科学》

2.《亲自动手做实验》

3.《这些发明你也会》

4.《家庭科学实验室》

5.《发现身边的科学》

6.《365 天科学史》

7.《用距离丈量科学》

8.《知冷知热说科学》

9.《最重的和最轻的》

10.《数字中的科学》

三、本书简介

本册《最重的和最轻的》讲述了质量的故事。美国第一颗原子弹爆炸当量是多少？世界上正在建造的最大的粒子物理探测器 AT1AS 的质量是多少？19世纪最大的风帆战船排水量是多少？航天飞机起飞时全部质量是多少？世界上第一座核反应堆的质量是多少？世界最大的载货卡车载质量是多少？第一台电子计算机质量是多少？中国杂交水稻每公顷产量是多少？美国新一代载人登月航天器的质量是多少？居里夫妇提炼镭耗费的沥青铀矿量是多少？美国 X－45C 型无人战斗机的质量是多少？新一代詹姆斯·韦伯望远镜的质量是多少？第一台商用超级计算机的质量是多少？"引力探测器 B"飞船的质量是多少？……答案尽在书中

本套丛书将科学与知识结合起来,大到天文地理,小到生活琐事,都能告诉我们一个科学的道理,具有很强的可读性、启发性和知识性,是我们广大读者了解科技、增长知识、开阔视野、提高素质、激发探索和启迪智慧的良好科普读物,也是各级图书馆珍藏的最佳版本。

本丛书编纂出版,得到许多领导同志和前辈的关怀支持。同时,我们在编写过程中还程度不同地参阅吸收了有关方面提供的资料。在此,谨向所有关心和支持本书出版的领导、同志一并表示谢意。

由于时间短、经验少,本书在编写等方面可能有不足和错误,衷心希望各界读者批评指正。

本书编委会

2012 年 4 月

目 录

一、奇妙的质量

二、现代测量基础

三、现代测量技术

一、奇妙的质量

人类发现的第一个完全由暗物质构成的星系的质量

　　茫茫宇宙中，天体之间相互作用，各自进行着各种各样的轨道运动。科学家可以根据已知的天体力学理论，通过周围天体的质量和特点来解释大部分天体运动的规律，但也有一些运动却找不到与可能产生这种运动的作用相对应的天体。难道在宇宙中有一种我们看不见的东西在暗地里影响恒星的运动吗？

　　20 世纪 30 年代初，荷兰天文学家奥尔特首次提出，为了说明恒星的运动，需要假定在银河系中存在与发光物质几乎同等数量的我们看不见的暗物质。美国加州理工学院科学家兹威基推测，后发座星系团内可能蕴藏着大团不发光的暗物质。虽然我们无法直接观测到暗物质，但能够根据它们对其他可见天体发出的光和引力的干扰间接证明它们的存在。不过，许多人并不相

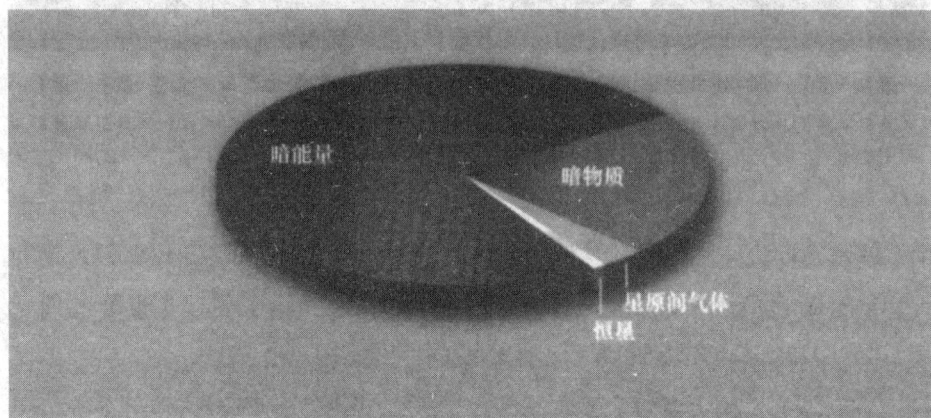

目前观测到的恒星等天体物质只相当于宇宙中物质总量的 0.4%，即使加上星系中的气体也只有 4% 左右，其余 23% 是暗物质，另外 73% 是暗能量。

天文学家通过哈勃太空望远镜，首次观测到星系图 CL0024 + 17 有一个由暗物质所形成的环，这是该星系团在 10 亿至 20 亿年前与另一星系团猛烈相撞时，由于暗物质除了与引力发生作用外，完全不与其他物质作用而形成的与可见物质对比明显不同的暗物质环。

信兹威基的说法，更多的则是半信半疑。直到 1978 年，美国普林斯顿大学的天文学家提出了一个更令人信服的证据，即根据旋涡星系 M31（也称"仙女星系"）外旋臂的转动速度揭示出暗物质的存在。

2000 年，美国天文学家发现了"暗星系" VIRGO HI21。该暗星系中不包含任何普通天体，是完全由纯暗物质构成的星系，质量约为 10^{41} kg，相当于太阳的 10 亿倍。它距离我们约 5 000 万光年，如果是普通星系的话，只需用普通望远镜就可以观测到。

2003 年，一个国际联合科研小组利用哈勃太空望远镜对距离地球 45 亿光年的 CL0024 + 1654 星系团进行观测，推算出这个范围达 2 000 万光年的星系团中质量及暗物质的分布情况，成功绘制出第一幅详细的星系团暗物质分布图。

根据现代宇宙学理论，所有星系都是由宇宙早期的气体由于引力的作用凝聚而成的。科学家们在对可观测到的宇宙物质总量进行仔细计算后发现，这些物质的质量太少了，它们之间的引力远不足以形成今天如此众多的可见星系和宇宙的膨胀速度；除非将暗物质考虑在内。也就是说，由暗物质率先形成团块结构，然后在暗物质团块引力的帮助下，气体才可能形成恒星和星系。

科学家根据大爆炸的暴涨模型以及近年来对宇宙微波背景辐射的研究，推算出整个宇宙范围内的平均物质密度大约为 $5 \times 10^{-27} \mathrm{kg/m^3}$，而目前观测到的宇宙中的恒星等物质总量只相当于这一物质密度的 0.4%，即使加上星系中的气体也只相当于这一密度的 4% 左右，其余 23% 都是暗物质。另外仍有 73% 的不明短缺物质，科学家们称之为"暗能量"，其基本特征是具有负压强，在宇宙空间中几乎均匀分布。

中微子是一种公认的热暗物质，它们来无影，去无踪，穿行于宇宙各处。虽然单个中微子的质量很小，几乎等于零，但科学家发现在每立方米的空间内约有 360 亿个中微子，因而它们的总质量要比所有已知星系质量的总和还要大，但中微子也只是暗物质中的极小部分。

暗物质与暗能量是目前宇宙学研究的重大前沿课题，科学家对这类新型物质的探索才刚刚开始。

太阳的质量

古希腊人相信，恒星就是镶嵌在天穹最外层的闪闪发光的宝石，它们和太阳、月亮及行星一起，随着天穹围绕着地球旋转，彼此间的相对位置永不改变。

伽利略首次利用望远镜观天时注意到，如果观察的是一颗行星，原先肉眼所见的亮点在望远镜中就会放大成一个清晰的圆盘；而观察恒星时，望远镜中看到的依然是一个闪烁的亮点。这说明恒星要比行星遥远得多。既然恒星在那样遥远的距离上仍然能为我们所看见，这表明它们一定是一些和我们的太阳非常相似的庞大的火球。

1718 年，英国天文学家哈雷将自己的恒星观测结果与古希腊人的记录进行比较，发现天狼星等恒星的位置与古代时相比有了明显的变化，于是首次提出恒星并非永恒不动，并把这种稳定而非常缓慢的运动叫做自行。

德国天文学家贝塞尔使用新发明的量日仪来观测一颗名为天鹅座 61 的恒星，发现它的移动有周期性规律，经过对其移动轨迹进行计算，确定它一定还有一颗看不见的伴星，两颗星互相绕转的周期约为 650 年，由此测定出这个双星系统距离我们大约有 100 万亿 km。这是人类首次测量出恒星的距离。

由于用万亿千米作单位来衡量恒星的距离很不方便，为简化数字，天文学家改以光在一年中走过的距离作为新的单位，即"光年"。因为光的速度是299 792.458 km/s，光一年走过的距离约为 94 627 亿 km。这样算来，天鹅座61 星距离地球约 11 光年。

根据双星系统互相绕转的周期和距离及颜色和亮度，还可以推测出恒星的大小和质量及表面温度。人们终于明白了，这些遥远的发光天体与太阳一样，都是由炽热的气体组成的。恒星的大小相差很大，有的像是巨人，有的

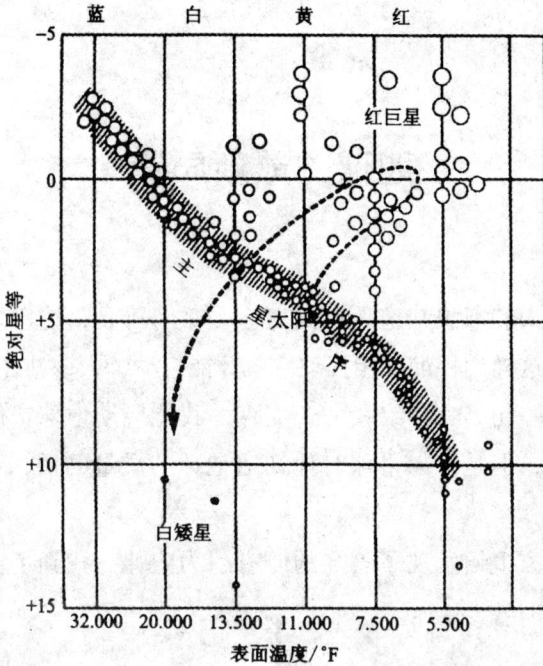

赫－罗图显示了不同大小、星等、温度的恒星一生的演化历程

则像是侏儒。太阳的直径约为 140 万 km，这在恒星世界只能属中等。红巨星是恒星世界个头最大的，它们的直径要比太阳大几十到几千倍；而白矮星的直径只有几千千米，和地球差不多；中子星就更小了，它们的直径只有数十千米。

太阳的质量约为 1.989×10^{30} kg，这在恒星中也属中等，一些巨星的质量是太阳质量的 120 倍，而另一些"矮星"的质量只有太阳的百分之几，但大多数恒星的质量在 0.1 ~ 10 个太阳质量之间。

恒星也有自己的生命史，它们从诞生、成长、衰老到最终走向死亡，演化的历程有共同的规律。我们看到的大多数恒星都属于"壮年期"，这是恒星一生中最长的阶段，也称主星序阶段；此后，恒星燃尽自身的所有燃料，开始变得动荡不安，然后变成一颗红巨星，最后在爆发中进入老年，把自己的大部分物质抛入太空，留下的残骸成为黑矮星、白矮星或中子星，甚至变成黑洞。

地球的最新质量

很久以来，人们都想知道地球到底有多重。可是，该用多大的秤来称量地球呢？就算有这样的秤谁又能扛动？就算能扛动，人该站在什么地方呢？

阿基米德有一句名言：给我一个支点，我能撬动地球。他是用这句话来说明杠杆定律的，但是，如果那时他知道地球的质量的话，可能就不会发出此豪言壮语了。

伟大的科学家牛顿发现了著名的万有引力定律，找到了测量地球质量的

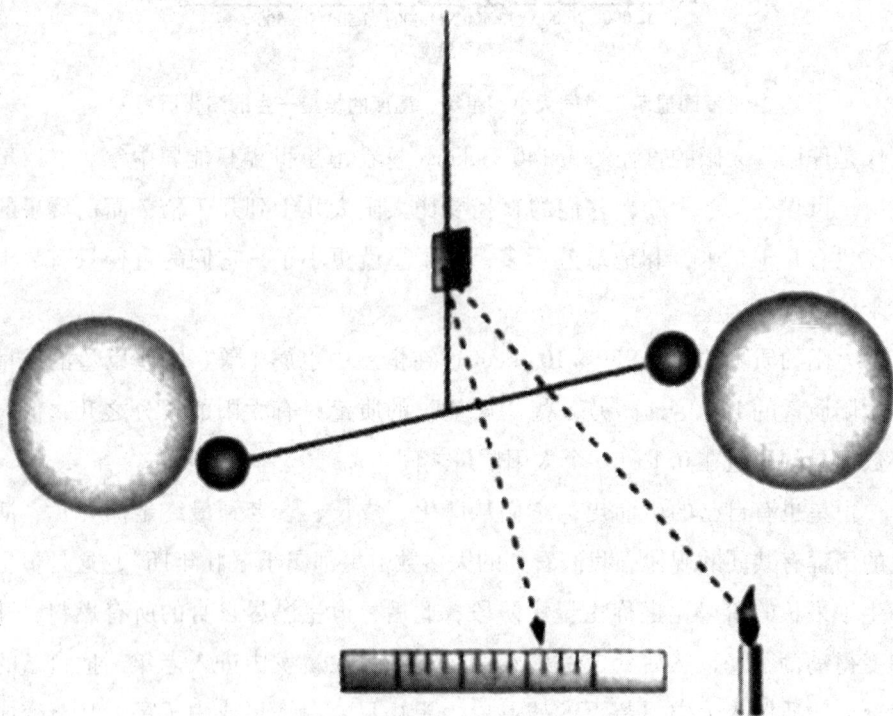

卡文迪什称量地球的方法原理图

途径。根据万有引力定律，两个物体间引力的大小与物质的质量成正比，与距离的平方成反比，比值恒定为一个常数，这就是引力常数。因为人们早已准确地知道了地球的大小，只要精确地测出引力常数值，就能计算地球质量。不过，由于没有精密的测量仪器，牛顿的尝试没有成功。

英国科学家卡文迪什用改进的扭力天平完成了测量。扭力天平的构造是，在一根木棒的两端分别系上金属小球，像一个哑铃那样，然后把它悬挂在一根金属丝上。两个小球的旁边对称放置两个铅球，铅球与小球间的引力使哑铃转动，金属丝扭曲。哑铃两臂末端和大球侧面均装有刻度标尺，这样便可测出细微扭曲的大小。为了不受空气流的干扰，扭力天平被置于空屋中。由于引力很小，扭曲也非常小，准确测量十分困难。为了便于观察，卡文迪什用反光镜将细微的扭曲放大，从而使天平的灵敏度大大提高。在 1798 年，卡文迪什第一个测出了地球的质量，得到的数值是 6.0×10^{24} kg，当今科学家测量出的地球质量为 5.978×10^{24} kg，两者之差只有 0.22×10^{24} kg，其准确度相当高。卡文迪许也因此被誉为"第一个称出地球的人"，卡文迪什的扭力天平实验被称为科学史上最美丽的物理学实验之一。

地球的质量确定后，科学家也用万有引力定律来测定太阳和其他行星的质量。地球和太阳之间的万有引力就等于引力常数与太阳质量和地球质量的乘积，再除以地球和太阳两者之间距离的平方，这一引力与地球赤道附近使地球环绕太阳旋转的向心力相等。该向心力等于地球质量乘以速度的平方再除以地球到太阳的距离。利用天文学家测得地球至太阳的距离，就可以得出地球围绕太阳旋转的速度，从而计算出太阳的质量。

假设阿基米德的臂力使他可以直接举起 60 kg（准确地说是 59.78 kg）的物体，要以杠杆撬动地球，长臂为短臂的 10^{23} 倍。因此阿基米德仅仅移动地球 1 mm，就需要站在 10^{20} m 之外了，这么远的距离即使光也要走 1 万年。

最近，美国的一个研究小组仿效 18 世纪科学家所做的扭力天平，重新测量了引力常数，得出的地球质量为 5.972×10^{24} kg，地球似乎变轻了少许。

地球大气的总质量

古希腊哲学家亚里士多德曾经猜想，我们这个世界由 4 个壳层组成，而这 4 个壳层又分别由四种原质构成，它们是土（大地）、水（海洋）、空气（大气）和火（通过闪电发出的光，偶尔可以见到它）。亚里士多德认为，这些壳层之外的宇宙是由神秘的第五种原质构成的，他把它叫做"以太"。

亚里士多德曾说："大自然厌恶真空"，并以水压机能够从井里汲水为例。当水压机的活塞被提上来时，活塞的下面留下了一段真空；但由于大自然厌恶真空，所以周围的水会打开水压机底部的阀门，涌入真空。重复进行这种动作，就会把筒内的水越提越高，直到它从泵口流出。

中世纪欧洲的矿工们发现，无论花费多大力气，水压机都不可能把水汲到离原来水面 10 m 以上的位置。伽利略在晚年时曾试图解开这个谜，但结论是大自然对真空的厌恶只是到一定的限度为止。他的学生托里拆利和维维安尼在 1644 年进行了一项实验，他们在一根约 1 m 长的玻璃管里灌满汞，把开口的一端塞住，倒过来立在盛有汞的盘中，然后拿开塞子。这时管中的汞开始流到盘里，但当管内汞柱降低到比盘内汞面只高 760 mm 时，汞就不再从管里流出而一直保持这个高度。

第一个"气压计"就这样制成了。没过多久人们发现，汞柱的高度并不总是一样的。16 世纪 60 年代，英国科学家胡克发现，在暴风雨之前汞柱高度会降低，说明天气变化与气压有关。

是什么使汞柱保持一定的高度呢？托里拆利和维维安尼认为，这是由于大气的重量向下压在盘中的液体上。这一观点打破了亚里士多德空气没有重量的学说，这项实验也证明了大自然并不一定在所有的情况下都厌恶真空，因为当管内的水银下降后，在封闭端留下的那个空间就是真空，而 10 m 高的水柱或 760 mm 高的汞柱的重量就等于截面与之相同、高度为从地面到大气顶端这样一个空气柱的重量。

如果空气具有一定的重量，说明它具有一定的高度。17 世纪 60 年代，人们已经知道地面附近大气的压强约为 1 kg/cm^2，由此推算出大气层的高度约为 8 000 m 左右。但波义耳通过实验发现，气体受到压力时体积会收缩，体积的变化与压强成反比，这项发现后来被称作"玻义耳定律"。

不久，法国科学家帕斯卡让人带着气压计登上一座 1 500 m 高的山，并请他在登高时随时注意气压计中汞柱高度下降的情况，证明空气在海平面时最稠密，随着高度上升，空气会变得越来越稀薄。这样，人们开始明白大气层厚度绝对不止 8 000 m。

据科学家估算，大气质量约 6 000 万亿吨，差不多占地球总质量的百万分之一。根据理论计算，如果温度不随高度而变化，每上升 1.9 万 m，空气压强就将减小为原来的 1/10。以此计算，在距地面 170 km 的高空，那里的大气压只有地球表面的百万分之一，而空气的密度只有十亿分之一，但这一点点空气就足以让进入地球大气层的陨星因摩擦生热而使其大部分物质燃烧殆尽并发出白炽的光芒。

意大利科学家托里拆利

早期的气压计

世界各大洋锰结核的总储藏量

　　石油、天然金属、矿石等有用资源不仅存在于陆地中，而且也藏在海底中。

　　例如，在大洋底部大量散布着一种锰结核，它的主要成分是锰，此外还含有镍、铜、钴及其他稀有金属元素。据调查，在太平洋海底每平方千米有

海底锰结核

1.2 万吨锰结核，世界各大洋锰结核的总储藏量约为 3 万亿吨，其中包括 4 000亿吨锰、164 亿吨镍、88 亿吨铜和 48 亿吨钴，分别为陆地对应储藏量的几十倍乃至几千倍，而且还在以每年约 1 000 万吨的速度不断地生成，几乎是一种用之不竭的矿产资源。

根据调查，海洋中含有 40 亿吨铀、3 亿吨银和 400 万吨金，此外还有大量海底石油和天然气等。全世界海底石油资源储量约为 1 300 亿吨。中国有浅海大陆架近 200 万 km^2，通过海底油田地质调查，先后发现了渤海、黄海、东海、南海等油气储藏盆地，一些已开始商业开采。

海水中还含有丰富的钠、镁、钾、溴、碘等元素。我们食用的钠盐主要是利用海水晒制的，晒盐后的卤水可以提炼钾盐，用来生产农业所需的钾肥。溴和碘都是重要的化工原料，目前全世界所生产的溴和碘绝大部分来自海洋。海草能够从海水中把碘富集起来，人们采集海草后将其干燥处理，就可以很低的成本获取高浓度的碘。镁是制造飞机、火箭、快艇、车辆等所需的铝镁合金的重要原料，信号弹、照明弹、燃烧弹、烟火礼花弹、闪光灯等也都需要镁。很多国家陆地镁矿缺乏，对镁的需求又大，都建有大型的从海水中提炼镁的工厂。

20 世纪 60 年代，科学家在红海首先发现了深海热液矿藏。这里是大洋中脊的裂谷处，在地球内部呈熔融状态的岩浆不断从这里涌出，当熔岩与冷海水相遇时发生激烈的化学反应，其中的金属从岩浆中析出，这些析出物沉淀到海底，日积月累便形成了一座座富含金属的"烟囱"状堆积物。这种海底热液矿床富含金、银、铜、锌、铂等几十种稀有金属和贵金属，储量高达数千万吨，所以又有"海底金银库"之称。

目前，科学家在全球各大洋都已发现了储量十分可观的海底热液金属矿，而且它们还是活矿床，每天都在自然增长，生长速度比海底锰结核要快得多。

如何将它们从海底开采出来呢？科学家正在研制一种自动控制海底采矿船，船尾拖曳一根很长的管子，末端有一个抽吸装置，先把海底金属抽吸到采矿船上然后运到冶炼厂进行去水处理得到浓缩物，再经冶炼就得到了纯金属。

月球两极地区可能蕴藏的水量

水是生命之源。地球上的人想要登陆并生活在月球上，一个前提就是要有充足的水资源。那么，月球上有水吗？这是科学家必须回答的问题。

科学家通常认为，月球的引力太小，无法吸引住水分。但 1994 年美国"克莱门汀"号飞船的雷达实验发现，在月球南极附近的一些永久阴暗区内有存在水冰的特征。随后，"月球勘探者号"飞船携带的中子光谱仪证明，月球两极阴暗区域的氢浓度较高，很可能水冰中含有的氢。科学家们有意让"月球勘探者号"在月球上坠毁，想借此使月球表面喷发出水蒸气。几台地面和空间望远镜对准了撞击区，观测是否有羽状蒸汽柱出现，结果什么也没有发现。

月球自转轴的倾斜度只有 1.5 度（地球自转轴的倾斜度约为 23 度），几乎垂直于地球绕太阳的轨道平面。所以从月球两极观看，太阳总是在月球的地平线附近。如果月球极点附近某处比月球表面的平均高度低数百米，例如月球南极的沙克尔顿环形山地区，那么它将永远处于太阳光照射不到的阴影之下。这些永久阴暗区域极其寒冷，温度仅为 −（223~203）℃。彗星和小行星撞击月球时释放出的水冰可以在这些寒冷地带聚集起来，因为它们永远不会被阳光蒸发。科学家们估计，在月球两极地区最上层约 0.3 m 厚的地层内可能蕴藏着 100 亿吨以上的水冰。

美国"月球勘测轨道飞行器"示意图

美国计划在 2018 年重返月球，在 2020 年建立月球基地，必须首先了解月球上是否确实存在可供人类使用的水冰，以及水冰的储量大小和分布情况。如果确证月球南极存在水冰，那么就可以将其融化成水，用来生产火箭燃料或者氧气，并在其附近建设半永久性的有人月球基地。

为此，美国航空航天局计划于 2008 年 10 月发射一艘名为"月球勘测轨道飞行器"（简称 LRO）的飞船，它的主要任务是确定月球全球辐射环境，绘制高分辨率月球全球地形图，绘制高分辨率氢元素分布图，探测月球极地的光照环境和温度，确定极地永久阴暗地区是否真的存在水冰，为未来载人登月航天器的设计和研制提供有用的数据，为未来宇航员和机器人登月选定可能的着陆地点。

"月球勘测轨道飞行器"的设计质量在 1 000 kg 左右，其中推进剂质量占 50%。飞船上将装备 6 种科学仪器，包括月球轨道器激光高度仪、勘测照相机、中子探测器、月球辐射计、喇曼—阿尔法测绘光谱仪和宇宙射线望远镜。此外，飞船上还将搭载一个名为"月球环形山观测与感知卫星"（LCROSS）的小型探测飞船，以便通过撞击月球表面寻找水源。

中国南海北部陆坡可燃冰远景资源量的石油当量

中国从 1993 年起成为石油纯进口国。预计到 2010 年，石油净进口量将增至约 1 亿吨/年，2020 年将增至 2 亿吨/年左右。不过，地球上的石油储量已不多了。有人悲观地估计，按照目前的消耗速度，再有 40 年，全球的石油资源就将消耗殆尽，而届时人类所能开发的水能、核能、太阳能、风能等远远无法满足需求。

除了石油和天然气，还有没有其他丰富而廉价的替代能源呢？

有！其中一种就是可燃冰。它的学名为"天然气水合物"，埋藏在海洋底部的表层中，外表像白色的冰霜，其实就是高度压缩的固态天然气。$1 m^3$ 的可燃冰可分解为约 $164 m^3$ 的甲烷气体和 $0.8 m^3$ 的水。甲烷气体可直接点燃，燃烧后几乎不产生任何污染，比燃烧煤、石油或天然气都清洁得多。

自然界中可燃冰的形成与海底石油、天然气的形成过程相仿。大量古代植物死亡后埋藏于海底地层深处，在缺氧环境中，厌氧菌把有机质分解，最后形成石油和天然气。此后海洋地质发生变化，海底天然气涌上表层，在深海压力下，天然气与海水结合成可燃冰。

1960 年，前苏联在北极海域发现了第一个可燃冰矿床。此后，在世界其他海洋中也陆续发现可燃冰矿床，主要分布在大陆坡、海底山脉、岛屿、海沟、内陆海及边缘海深水盆地的表层沉积物或沉积岩中，在海底延伸数千千米。

可燃冰的发现，让陷入能源危机的人类看到新希望。据国际地质勘探组织估算，全世界海底可燃冰分布的范围约 4 000 万 km^2，占海底总面积的 10%，可燃冰的储量超过 $2.84 \times 10^{21} m^3$，是普通天然气能源储存量的 1 000 倍，一旦得到开采，足够人类使用上千年。

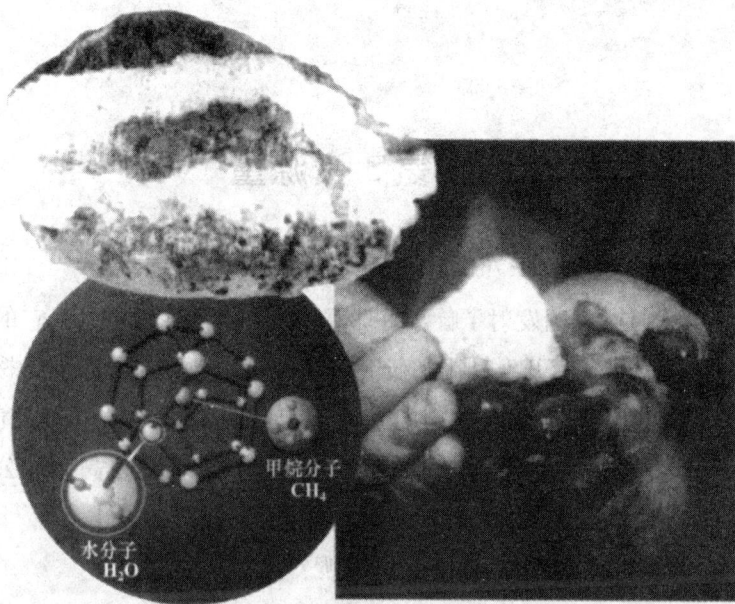

可燃冰及其分子结构

2007 年 6 月，中国科学家在南海北部海面下 200 m 处，首次发现了面积约 430 km² 的可燃冰矿藏。据初步勘测，南海北部可燃冰的远景资源量约合 100 亿吨石油当量。在西沙海域也已初步发现可燃冰分布面积 5 242 km²，其资源量估算达 4.1 万亿 m³，仅这里的可燃冰储量就已达到我国陆上石油总储量一半左右的当量。此外，在面积达 25 万 km² 的东海盆地也已发现了可燃冰的可能分布区域。

开发可燃冰资源对中国的后续能源供应和经济可持续发展具有重大战略意义。中国政府计划，在未来 10 年中投入巨资对这项新能源的资源量进行勘测，并在 2015 年前后进行可燃冰试开采。

也许到 2020 年，中国就不再需要从国外进口石油和天然气了。

月球氦 3 资源量

　　2007 年 11 月，中国发射了首颗月球观测卫星"嫦娥 1 号"，它的任务之一是对月球表面 14 种有开发利用和研究价值的元素含量与分布进行探测。日本也在 2007 年发射了首颗同类型的探月卫星"月亮女神"，印度宣称将在 2008 年发射类似的探月卫星。美国、俄罗斯和欧洲航天局也高调地公布了自己的探月计划。

　　为什么世界各国对探测月球如此热衷呢？

　　原因之一就是月球拥有极为丰富的矿产资源。根据科学家对月球岩石和

未来的月球基地和氦 3 采矿场想象图

土壤的研究分析，月球不仅含有地球上的全部元素和几十种矿物，甚至还有地球上没有的 6 种矿物。月球的稀有金属资源量比地球还多，其中铀的资源量约 50 亿吨。

最令科学家们惊喜的是月球土壤中含有丰富的氦 3。氦 3 是氦的同位素，其原子核中含有两个质子和一个中子，可以和氢的同位素氘发生热核聚变反应，所释放出的能量可用来发电。在这一过程中产生的中子很少，所以放射性小，反应过程易于控制，既环保又安全。

氦 3 主要来源于太阳内部核聚变，随着太阳风飘落至周围的行星。由于地球周围覆盖着厚厚的大气层，阻隔了太阳风，氦 3 难以直接抵达地球表面，所以地球上的氦 3 天然储量非常低，总共不超过数吨。

月球几乎没有大气，太阳风可直接抵达月球，所以月球上的氦 3 储量非常可观。科学家通过月球土壤样品估算，月球上氦 3 的储量至少有 5 亿吨。如果采用氘与氦 3 核聚变发电作为替代能源，全中国每年只需 10 多吨氦 3、全世界只需 100 多吨，就能满足所有的能源需求。也就是说，月球上的氦 3 足以供人类使用上万年。

据估算，只要在 $10 \sim 15 \ km^3$ 范围内挖掘深度为 3 m 的月壤，即可获得约 1 吨氦 3。以目前全球电价和空间运输成本算，1 吨氦 3 的价值约为 300 亿元人民币，用专门的飞船从月球运回 1 吨氦 3 的总费用约为 3 亿元，表明开发月球氦 3 有利可图。而且随着航天技术发展，空间运输成本肯定将大大下降。预计到 2050 年前后，即可实现利用氦 3 进行商业性核聚变发电。

开发利用月壤中的氦 3 将是解决人类能源危机的极具潜力的途径之一，能够满足地球人类社会长期稳定、安全清洁和廉价的能源需求。

目前，美国已宣布在 2018 年之前将宇航员再度送上月球，最终在月球上建立一个由生活区、发电厂、化工厂、采矿和储运等设施组成的常驻基地，利用月球资源生产饮用水、燃料和其他必需日用品，用月球挖土机开采出氦 3 并将其运回地球。俄罗斯和欧洲航天局也提出了类似的建立月球基地、开发月球氦 3 计划。

每年由大气进入地球土壤中的氮量

18 世纪的欧洲科学家发现，木炭在玻璃罩内燃烧后能够生成"固定空气"（即二氧化碳）。当用碱液吸收了这些气体后，玻璃罩内仍有很多气体剩余下来。这种剩余气体能够闷死老鼠，且不助燃，法国化学家拉瓦锡称之为"氮气"，意思是"无益于生命"。他认为，空气是由氧气和氮气组成的混合物。

现在我们知道，拉瓦锡认为氮对生命无益，实在是大错特错。因为氮是构成生物体的一种必需元素，所有动植物体内都含有氮，用来构造 DNA（脱氧核糖核酸）和 RNA（核糖核酸）分子和蛋白质。

地球上绝大部分的氮是以氮气的形式存在于大气中，约占空气体积的 78%。在地壳中，氮的含量仅为 0.004 6%，它的最主要的矿物是硝酸盐。在自然界中，氮不断地进行循环，以维持生态平衡。

空气中的氮分子过于稳定，不易被植物直接吸收。只有通过细菌和闪电的作用，氮气才会从空气中析出，变为活性氮进入土壤里，形成氮化合物，然后被植物吸收，变成有机氮化物，并将这些物质用于制造氨基酸，构成蛋白质，在活细胞中发挥许多重要功能。人类与动物主要从食物中的蛋白质获得氮化合物，由于不存在代用品，要维持正常的营养，必须保证最低的氮摄入量。

动植物的尸体及排泄物被微生物分解后，其中大部分氮化合物转变为氨，氨被土壤吸收转变为硝酸，成为肥料，又会再次进入植物和动物体内；还有一部分由硝化菌产生的硝酸盐在无氧条件下被微生物还原成为氮气，重新回到大气中，开始新的氮循环。

根据科学家的估算，每年因雷雨而由大气进入地球土壤中的氮约有 4 亿吨，此外大约有 2 亿吨各种氮肥施入全世界的耕地，其中大约有一半被农作物所吸收。

在工业上，氮主要用于合成氨，由此制造化肥、硝酸、染料和炸药等；氨还是合成纤维（如锦纶和腈纶）、合成树脂、合成橡胶等的重要原料。坚硬的氮化硅可以用来切削金属。由于氮气的化学惰性，常用作保护气体，以防止某些物体暴露于空气时被氧化。博物馆经常把贵重的书画作品保存在装满氮气的圆筒里，因为蛀虫在氮气中不能生存，也就无法蛀坏文物。用氮气填充粮仓，可使粮食等农副产品处于休眠和缺氧状态，代谢缓慢，取得良好的防虫和防霉变效果，便于长期安全存储。

法国化学家拉瓦锡

每年大约有 2 亿吨各种氮肥
施入全世界的耕地

加拉帕戈斯海底金属热液矿总储量

以往人们一直认为，从海面越往下，海水的温度就越低，深海海底完全是阴暗的冰冷世界。1948 年，瑞典海洋调查船"信天翁号"在红海考察时发现，一些深海海底的水温要比表层的水温高出许多，含盐量也很高。参加考察的科学家们感到非常奇怪，难道是海底火山喷发了？

几十年后，科学家们乘坐深海潜水器潜入幽暗的大洋深处，透过潜艇的观察窗，看到海底有一道道张开的裂隙，溢出许多黄色物质，千姿百态，附近还堆积了许多块状和塔状的硫化物，有的高达几米甚至几十米，就像"土丘"和"烟囱"一样竖立在海底。此处的海水温度高达 300℃以上，从"烟囱"中冒出的滚滚热气好似朵朵白云，从海底徐徐上升。

原来这里是大洋中脊的裂谷处，也是海底地壳最薄的地方，地球内部熔融状态的岩浆不断涌出，形成新的海洋地壳。这种来自地球内部的岩浆温度极高，富含多种金属，当它接近海底表面时，与渗透下来的冷海水相遇，发生激烈的化学反应，使其中的金属从岩浆中析出，从而形成富含金属的热水溶液。这些热水溶液从洋底的孔隙处高速喷射出来，就形成了海底的热喷泉。喷出的热液与冷海水接触后温度迅速降低，其中的金属便在这个过程中沉淀到海底，堆积成矿。天长日久，便形成了一座座富含金属的"土丘"和"黑烟囱"状堆积物。这种海底热液矿床富含铁、锰、铅、锌、金、银、铂、铜、锡等多种重金属，大多以硫化物和碳酸盐的形式存在。

1981 年，美国在加拉帕戈斯海底断裂谷发现了一个大型的热液矿床，那里的水深约为 2 600 m，分布着许多高约 5～20 m、宽约 20～50 m、长约 2 000 m，由块状硫化物构成的海底热液重金属矿"土丘"。据测算，仅这里的热液矿床总储量就高达 2 500 万吨。其中，可开采的有用金属价值高达 40 亿美元。

在红海水深 2 000 m 左右的海底，还发现了 8 个多种重金属热液矿盆地，其中一个名为"亚特兰蒂斯"的盆地，金属储量达到了 8 000 万吨。

目前，科学家在全球各大洋底部都已发现有海底热液金属矿存在。据调查，全世界约有 1 亿 km² 的海底分布着热液金属矿床，储量十分可观，而且它们还是活矿床，会自然生长。据估计，这些金属热液矿正在以每 4 年约 5 mm 的速度扩展着，其生长速度比海底锰结核要快得多。在这 1 亿 km² 的海底金属热液矿床中，仅所含铜一项每年即可净增 5 万吨，被视为一种很有开发前途的大洋矿产资源。

人们如何将这些宝贵的矿藏从海底开采出来呢？海底热液金属矿有块状和泥状两种。现在的一般做法是：对于块状金属矿，由于其分类集中、硬度高，需要用自动控制的海底钻探装置先把矿石打碎，然后再用与采集锰结核相似的办法输送到水面进行加工；对于软泥块金属矿，可用采矿船拖曳一根长 2 000 多米的钢管，管的末端装有一个抽吸装置，先把海底重金属软泥通过这种装置抽吸到采矿船上，然后经过脱水处理得到金属的浓缩混合物，再经冶炼就可以加工出金属物质了。

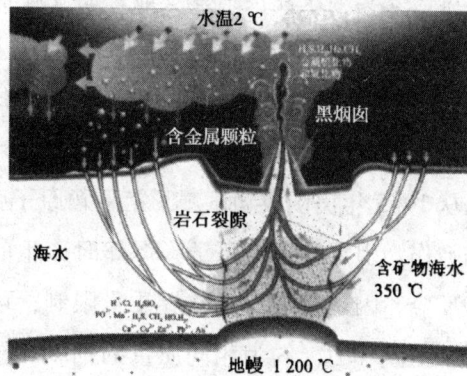

海底热液金属矿"黑烟囱"及构造示意图

美国第一颗氢弹爆炸当量

氢弹是人类发明的威力最大的武器。武器或者爆炸物的威力可以用爆炸当量来计算。所谓爆炸当量，是指炸药爆炸造成的威力相当于多少质量单位的蓝色炸药 TNT 爆炸时的威力。

20 世纪 20 年代，科学家发现，两个较轻的原子核在一定条件下可以相互聚合，生成一个新的且质量较重的原子核，同时放出巨大的能量。这就是"轻核聚变反应"。30 年代，科学家先后发现了氢的两种同位素，即含有 1 个质子、1 个中子的氘，以及含有 1 个质子、2 个中子的氚。这两种氢原子核间的静电斥力最小，较容易发生聚变反应形成氦核，反应释放出很大的聚变能，氘和氚也被称为聚变核燃料。

不过，要实现这种核聚变反应，需要在极高的压力和温度条件下，用足够的动能去克服氘核与氚核间的巨大静电斥力。根据理论计算，要克服这种静电斥力需要 1 亿℃的高温，才能产生持续的聚变。因此，聚变反应也称热核聚变反应或热核反应。

自从 1945 年美国成功试爆了第一颗原子弹之后，有人便设想利用一个小型原子弹作为引爆装置，原子弹爆炸时产生的瞬间高温能够引发氘与氚的热核聚变反应，因聚变装料无临界质量限制，可以在瞬间释放出比原子弹威力更强的杀伤破坏力，约为相同质量的铀 235 核裂变时所释放能量的 7 倍，这种巨大的毁灭性武器就叫做氢弹。原子弹的威力通常为几百至几万吨爆炸当量，氢弹的威力则可以大至几千万吨爆炸当量。

1949 年 9 月，前苏联原子弹爆炸实验取得成功，使美国大为震惊。为保持战略威慑力，美国决定研制氢弹。

自然界中氘的储量丰富，每升水中含 0.03 g 氘。氘的氧化合物称为重水，一般通过电解重水的方法获得氘。后来，美国科学家又发明了精馏法和化学交换法，能够大量提取氘。氚在自然界中数量很少，主要来自宇宙射线，但氚可以由锂化合物在反应堆中制造。

1951 年 5 月，美国在太平洋上的恩尼威托克岛试验场进行了首次氢弹爆炸试验，聚变核燃料为液氘。连同液氘冷却系统的氢弹实验装置总重 65 吨，爆炸威力达 1 000 万吨爆炸当量，相当于投放到广岛的原子弹的 500 倍。

由于以液氘制成的氢弹过于笨重，后来采用氘化锂 6（锂 6 是金属锂的一种同位素）作为氢弹的聚变核燃料。发生聚变反应时，锂 6 吸收中子时会产生氚，氚与氘反应又产生中子，即进行氚—中子循环反应。氘化锂 6 是固体，不需冷却压缩，制作成本低，体积小，重量轻，便于运载。1 kg 氘化锂 6 可以释放出 4.5 万吨左右的当量爆炸能量。

1953 年 8 月，前苏联宣布氢弹试验成功。随后，英国也拥有了氢弹。中国是第 4 个掌握氢弹设计技术的国家，于 1966 年 12 月 28 日成功地进行了氢弹原理试验；1967 年 9 月 17 日，中国第一颗氢弹试验获得成功。

美国首次氢弹爆炸试验

美国第一颗氢弹

林尼尔彗星所含的水量

科学家常争论的话题之一是：原始地球上生命起源所需的水和有机化合物究竟是"自产"的还是来自天外？

一些科学家认为，在地球形成的初期，曾有很多含冰量丰富的彗星撞击到地球上，带来了大量的水。冰物质撞击到地球后不会像小行星那样造成巨大的破坏，因此这些水分能够得到保存，形成巨大的湖泊和海洋，为地球生命的诞生提供了条件。

但有部分科学家对此提出质疑，因为根据对哈雷彗星、海尔—波普彗星等进行的分析研究，发现这几颗彗星的水的成分与地球海洋中水的成分不完全相同，彗星的水中含有较多的氘元素及其化合物，重水含量是地球海洋中重水含量的两倍。

公说公有理，婆说婆有理，一时难以判断。

2000年7月中旬，一颗新发现的名为"林尼尔"的彗星进入大熊星座，以每天6度的速度在夜空移动，正日夜兼程地向着太阳飞去。根据天文学家的测算，它原本位于木星以外，由于受大行星引力作用而改变运行轨道，可能是第一次进入内太阳系。

天文学家开始用天文望远镜连续追踪观测这颗彗星。7月下旬，林尼尔彗星距离太阳越来越近。天文学家看到彗核表面出现一阵阵剧烈的爆发，情形与火山喷发相似。许多大块物质被抛离彗核，大量气体尘埃喷发出来，形成雾状彗尾。在短短4小时内，彗星变亮了1倍。

当彗星经过近日点时，天文学家突然发现，林尼尔彗星在强烈的太阳风侵蚀下居然完全瓦解了，彗核的中央部分先是变成长形，然后拉长为一条直线，四散的碎片成为一颗颗"微彗星"，每块直径仅几十米，彗星亮度则急剧变暗，一周后逐渐消失。

这是人类首次详细观测到彗星崩裂瓦解的全过程。根据天文学家对林尼尔彗星喷发物质的特征分析，证实了彗核确实是由疏松的尘埃、岩石和冰块组合而成，这些物质仅靠微弱的引力和冰块的凝聚力维系，太阳的热使冰块剧烈挥发，促使彗核分崩瓦解。

研究人员估算，林尼尔彗星解体时共有约330万吨冰被蒸发掉。如果这颗彗星撞到地球上，所含水量足以形成一个大湖泊。此次观测还发现，林尼尔彗星的水化学成分与地球上的水成分基本一致。这也在一定的意义上佐证了确实有一类彗星大部分来自于木星轨道附近，也称"木星族彗星"，曾在太阳系形成后不久频繁袭击地球，是原始地球上水的主要来源的观点。这类彗星中的冰块是在太阳系原始星云中形成的，而哈雷彗星和海尔—波普彗星中的冰块则可能是在太阳系边缘地带的星际云中形成的，两者的化学成分有所不同。

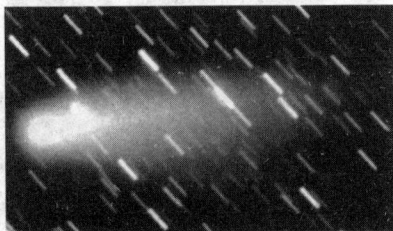

林尼尔彗星

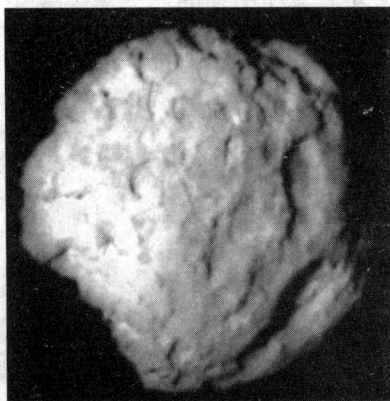

怀尔德2号彗星的彗核表面近照

世界上最大船舶的排水量

许多人好奇，轮船是如何发明的，现在的轮船究竟能承载多大的重量？

早先的船都是靠风帆或手摇桨、橹推进。此后船越造越大，再以帆或桨为动力显然是太慢了。

1807 年，美国人富尔顿制造出第一艘能行驶的蒸汽机船"克莱蒙脱号"，两舷装有高大的明轮，人们称之为"轮船"。这个称呼沿用了下来，泛指一切在水面行驶的大型机械动力船舶。

19 世纪上半叶是帆船向蒸汽机船过渡的时期。早期的轮船装有全套帆具，蒸汽机只是作为辅助动力。1815 年，美国建成第一艘由蒸汽机驱动明轮的军舰"富尔顿号"，排水量 2 475 吨，航速每小时不到 6 海里（1 海里 = 1 852 m）。1819 年，"萨凡纳号"蒸汽机帆船用了 27 天时间横渡大西洋。

1836 年，瑞典人爱立信受古希腊人发明的"阿基米德螺旋"提水装置的启发，建造了一艘采用木制螺旋装置的小船。试航时螺旋装置的一部分突然

世界上最大的"海上巨人号"56 万吨巨型油轮

折断了，然而使用变短的螺旋桨，船反而走得更快。他建造的第一艘采用螺旋桨推进的蒸汽机船"阿基米德号"于 1838 年下水。1845 年，采用螺旋桨推进的英国大型蒸汽机船"大不列颠号"首次横渡大西洋，仅用了 10 余天时间。

早期轮船都是木制的。19 世纪中期以后，逐渐用铁作为造船材料。1858 年英国建造的"大东方号"铁船被认为是造船史上的奇迹。该船长 207 m，排水量 2.7 万吨，能载客 4 000 人，装货 6 000 吨。它首次采用双层船壳结构，船上安装两台蒸汽机，一台驱动直径 17 m 的明轮，另一台驱动直径 7 m 的螺旋桨，此外，船上还有 6 具风帆，最高航速每小时 16 海里。直到半个世纪以后，才出现比它更大的船。

1870 年，英国创办了丘纳德汽船公司和白星汽船公司，在英国和北美之间开辟旅行条件舒适的客船航班，此后各国相继建造大型豪华客船，航行于大西洋航线和东方航线上。到 19 世纪末，豪华客船可载客数千人，航速每小时 20 海里以上。

20 世纪初，内燃机开始应用于船上，逐渐取代蒸汽机的地位；钢取代铁作为造船材料。到 20 世纪 30 年代，大型远洋客船的建造达到高潮，排水量都在 8 万吨以上，航速每小时超过 30 海里。

20 世纪 50 年代，为了提高运输的经济效益，船舶向大型化、专业化、高速化和自动化方向发展，开始出现集装箱船和滚装船，60 年代出现了 20 万吨以上的超大油轮和 30 万吨以上的特大油轮，70 年代又出现了 50 万吨以上的巨型油轮，并出现了专门装运煤炭、矿砂、谷物等的大型干散货船。

在船舶动力方面出现了燃气轮机，但主要用在大中型水面军舰上。从 1954 年起，一些国家开始建造核动力船舶。

迄今为止，人类建造的最大的船舶是"海上巨人号"巨型油轮，长 458.45 m，宽 68.9 m，能够装载 56.5 万吨原油。最大的客船是"海洋自由号"，长 339 m，宽 56 m，排水量 15.8 万吨，可搭载 4 375 名乘客和 1 365 名船员。速度最快的是一艘 F1 摩托赛艇，最高时速为 220 km。

美国第一颗原子弹爆炸当量

原子弹是一种威力巨大的爆炸性武器。

20 世纪 30 年代末，科学家们发现在原子核内部聚集着巨大的能量，只需消耗很少的核物质，通过链式反应过程，就可以将这些巨大的能量释放出来。在这样的反应过程中，较重的原子核分裂为较轻的原子核，因此被称为"裂变反应"。自然界中能够作为核裂变材料的只有铀 235、铀 233 和钚 239，其中只有铀 235 是天然铀同位素，其余两种分别是由钍 232 和铀 238 俘获中子后再经 b 衰变形成的。通常也将这 3 种核裂变材料称为"核燃料"。

原子弹结构包括燃料装置、引爆装置和弹壳等部分。燃料装置将小于临界质量的核燃料分数块储放，引爆装置包括电雷管和普通炸药，当雷管被点火引发后，炸药发生爆炸，把所有核燃料迅速推合在一起，结果核燃料块的总质量就大大超过临界质量而发生裂变链式反应。坚固的弹壳能使反应有充裕的时间，可提高核爆炸的威力。

原子弹的杀伤破坏方式主要有光辐射、冲击波、早期核辐射、电磁脉冲及放射性沾染。光辐射是在核爆炸时释放出的一种辐射光杀伤方式。1 枚爆炸当量为 2 万吨的原子弹在空中爆炸后，距爆心 7 000m 的地方会受到比阳光强 13 倍的光辐射。光辐射可使人迅速致盲，并使皮肤大面积灼伤溃烂，使物体

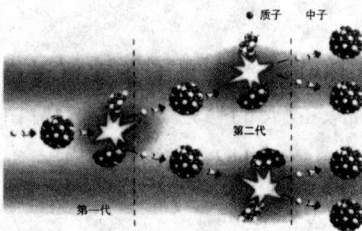
核裂变链式反应

燃烧。冲击波是核爆炸后产生的一种巨大气流的超压。一枚爆炸当量为 2 万吨的原子弹爆炸后，在距爆心投射点 650 m 处，冲击波的运动速度可达每秒 200 m，可把位于该区域内的所有建筑物及人员彻底摧毁。早期核辐射是在核爆炸最初几十秒钟放射的中子流

美国投在日本长崎的原子弹爆炸产生的蘑菇云

和 γ 射线。1 枚爆炸当量 2 万吨的原子弹爆炸后，距爆心 1 100 m 以内人员可遭到极度杀伤。电磁脉冲的电场强度在几千米范围内可达 1 万～10 万伏，不仅能使电子装备的元器件严重受损，还能击穿绝缘、烧毁电路、破坏计算机内存，使全部无线电指挥、控制和通信设备失灵。放射性沾染是原子弹爆炸后蘑菇状烟云飘散后所降落的烟尘，对人体可造成照射或皮肤灼伤，以致死亡。

    1945 年，美国研制成功世界上第一颗原子弹。同年 8 月，有两颗原子弹分别被投向日本广岛和长崎，造成重大人员伤亡，加快了二战的结束。1949 年 9 月，前苏联宣布原子弹试验成功。随后英国和法国也拥有了原子弹。中国在 1964 年 10 月试爆成功第一颗原子弹，成为第 5 个拥有核武器的国家。

世界上最大的粒子物理探测器 ATLAS 的质量

人类制造的最大科学仪器是什么？有人会举出直线粒子加速器、正负电子对撞机、大型强子对撞机等。不过，严格地说，它们都属于组装仪器，即由许许多多单体的科学仪器和设备组合而成。

迄今人类已制成的最大单体科学仪器应该是欧洲核子研究中心大型强子对撞机中的一个名为"ATLAS"的粒子探测器。

大型强子对撞机是目前世界上在建的体积和功率最大的粒子加速器，隧道长达 27 km。建成后的对撞机，可以让两束质子或像铅这样的重离子流按相反方向沿环形隧道运行，每运行一圈粒子都会获得更多的能量，最后将质子加速到光速的几分之一，使两束射线以高达 14 万亿 eV 的能量迎头相撞，用来模拟"大爆炸"发生后的宇宙情形，获得相当于宇宙"大爆炸"后十亿分

世界上最大的粒子物理探测器 ATLAS

之一秒内爆发出的巨大能量，用以击碎基本粒子。在强子对撞机上的 4 个对撞点安装有 4 台实验用探测器，分别名为 ATLAS、CMS、ALICE 和 LHC－B。每个探测器的体积都很大，其中最大的就是 ATLAS，它长 46 m、高 25 m、质量约 7 000 吨，相当于一座 4 层大楼，造价约合 4.3 亿美元。中国科学家参与了 ATLAS 探测器的建造工作。

该探测器的构造包括测量带电粒子动能的内径迹室、测量粒子所带能量的量能器、识别和测量 μ 子的 μ 子谱仪和使带电粒子弯转以进行动能测量的磁铁系统等。能够对每秒钟发生数十亿次的质子撞击进行采集和分类。因为每次撞击都会使释放的数百颗粒子飞入探测器，撞击产生的粒子留下的痕迹或释放的能量将被记录下来。综合其能量和动量信息，研究人员可以还原出质子撞击发生后的情景，推导出哪些粒子是迅速生成的。

ATLAS 实验的主要目标是探索形成我们宇宙的物质的基本特性和基本作用力，包括寻找和研究假想中的希格斯粒子。科学家希望，从加速器内巨大碰撞中出现的粒子里能够包括一种叫做希格斯的玻色子，因为根据粒子物理的标准模型，正是希格斯导致了质量的产生。ATLAS 探测器将用于测量这些碰撞的碎片，用以寻找希格斯玻色子和超对称粒子等超出了标准模型的新物理现象，科学家希望用该实验装置去验证万物统一理论。

此外，ATLAS 实验还将探索物质和反物质之间的差异、宇宙"大爆炸"初期产生的夸克—胶子等离子体，以及进一步探讨自发对称破缺和各种粒子质量的来源，探索新的规范玻色子，研究新发现的顶夸克及相应层次粒子的各种特性等。

19 世纪最大的风帆战船排水量

舟船的历史至少可追溯到 1 万年前。早在远古时代,居住在海边与河岸的人类就已在水上活动,人们骑到水中漂浮的木头上,然后尝试制造简单的木筏。

世界上最早的船是独木舟。人们用石斧把一段树干砍挖成槽,削去外面的旁枝和树杈,坐在上面用桨操纵。住在海边的人们驾驶木筏和独木舟征服了海洋,逐渐迁徙到世界各地。

古代世界各民族创造了丰富多彩的舟船造型,如公元前 1 200 多年出现于埃及、腓尼基与爱琴海地区两端翘起的方帆船和单层桨船,地中海西部地区的长平底船和横帆船,北欧沿海地区体形细长的龙骨双头桨船,以及古代东方国家特有的有舵船、硬篷船和橹船等。

中国在春秋战国时期就有了造船工场,能够制造战船;汉代已能制造带舵的楼船;三国时期,吴国建造的最大战船"设楼五层";西晋初期建造的连舫战舰能载 2 000 余人。唐、宋时期发明了轮桨和水密隔壁,人们乘船远渡海外。明朝郑和七次下西洋时所乘的"宝船"长约 137 m,宽 56 m,有 9 桅 12 帆。

公元前 700 年至公元前 550 年,腓尼基和希腊先后造出了两层桨战船和三层桨战船,排水量约 200 吨,最多有 170 支桨,划桨时航速每小时可达 6 海里。此后,三层桨战船成为古罗马海军舰队的主力。

郑和宝船复原效果图

13 世纪,西班牙人和葡萄牙人开始建造多桅帆船,通常有三根桅杆,前桅和主桅挂横帆，后桅挂三角纵帆，排水量从几十吨到数百吨不等；还有一些船从船头向前伸出一根斜桅，上面挂一张小帆，并在主帆和前帆之上各加一面顶帆，能充分利用风力，速度快且灵活，便于操纵，广泛用于远海航行。哥伦布发现新大陆，达·伽马穿过印度洋到达亚洲，麦哲伦完成首次环球航行等，用的都是这种帆船。

哥伦布探险船队旗舰"圣·玛丽亚号"

16 世纪中叶，西班牙组织了庞大的船队，每年两次往返于大西洋之间。为了保护运输船队免受海盗及其他国家船只的袭扰，西班牙人开始建造了大型多桅风帆战船。从 1650 年起，大西洋进入一个海战频繁的时代，促进了西班牙、葡萄牙、荷兰、法国、英国等欧洲殖民国家战船的发展，船越造越大。起初最大的战船排水量约为 1 500 吨，到 19 世纪，最大的风帆战船排水量接近 6 000 吨，装备大、中口径火炮 100 门以上。当时称排水量 1 000 吨以上的风帆战船为"战列舰"，排水量 500 ~ 750 吨的称"巡洋舰"。这些战船的船壳通常选用坚实的橡木板制造，而且是双层，总厚度可以达到 46 cm；后来同样的技术也用于建造大型远洋商船。

航天飞机起飞时全部质量

航天飞机是人类第一次把航天与航空技术结合起来制造的新型多功能航天器，由轨道飞行器、固体燃料火箭助推器和外挂燃料箱三大部分组成，竖立时总高度约 56 m，起飞时全部质量可达到 2 000 吨。

外挂燃料箱是航天飞机最大的部件，位于轨道飞行器下方，由液氧箱、液氢箱和箱间段组成，内装供轨道飞行器主发动机用的 590 吨液氧和液氢推进剂。在航天飞机起飞升空后，主发动机熄火，外挂燃料箱与轨道器分离，进入大气层烧毁。它是航天飞机各组件中唯一不能回收的部分。

两台固体燃料火箭助推器平行装在外挂燃料箱两侧，每个装有 450 吨推进剂、发射时与轨道器的 3 台主发动机同时点火，为航天飞机垂直起飞和飞出大气层提供约 78% 的推力。助推器以 3.1 km/h 的速度把航天飞机送到距地面 45 km 的高空，然后停止工作并与航天飞机分离。其固体燃料箱在前锥段里装有降落伞系统，溅落到海上后被回收，经过修理等待下一次飞行。

外形像飞机一样的轨道飞行器是航天飞机的主体，也是航天飞机最复杂的组成部分，每次升空都要经历发射、飞行和返回的全过程。它长 37.2 m、翼展 23.8 m、净重 68 吨，同一架大型喷气式客机大小差不多。机尾装有 3 台以液氢/液氧为推进剂的主发动机，还有两台变轨发动机，在没有氧气的外太空也能工作。

航天飞机内部结构也类似一般飞机，有宽大的机舱，并可根据航天任务的需要分成若干个舱室，最多可载 10 名航天员，在轨道上持续工作 7～30天。机身是一个容积 300 m³ 的大货舱，可运送 14.4 吨有效载荷到地球轨道，或运送 30 吨货物至近地轨道，并可从太空运回 10 吨多的货物。

航天飞机由于其独特的优点，自 1981 年问世后主要作为运载工具、实验平台和轨道维修平台，创造了很多载人航天的新纪录，但也经历过机毁人亡的重大事故。由于航天飞机技术复杂，容易出现故障，特别是无法大幅度降低载人航天的费用，并不是一种理想的天地往返运输工具。另外，未来开展外太空探测不需要带机翼的航天器，新的载人航天器的热保护系统比机翼防热瓦方式更安全，而且新的载人航天器也可重复使用，并可在任何陆地和水中降落，而航天飞机则必须使用机场着陆。因此，在美国新制定的未来载人航天计划中已不再将航天飞机作为今后发展的运载技术。

航天飞机的时代已走到了尽头。到2010年，目前所有的航天飞机将全部退役，由新一代载人航天器接替。

处于待发射状态的美国航天飞机

美国航天飞机发射升空

世界上第一座核反应堆的质量

1942 年 12 月，美国建成世界上第一座核裂变反应堆，运行功率为 0.5 W，采用 52 吨天然金属铀和氧化铀作裂变燃料，以石墨作为慢化剂，直径约 9 m、高 6.5 m、总质量为 1 400 吨。它的出现标志着人类进入了核能应用时代。

核反应堆是核物质进行裂变链式反应的地方，即当铀 235、铀 233 或钚 239 受到外来中子轰击时，原子核会吸收中子，分裂成两个质量较小的原子核，同时放出 3 个中子，裂变产生的中子又去轰击另外的原子核，引起新的裂变反应。

这听起来与原子弹的爆炸原理差不多。

不错！它与原子弹的唯一区别是：原子弹中的裂变链式反应是不受控制地进行的，在一瞬间全部变成了巨大的能量；而核反应堆可以人为控制裂变

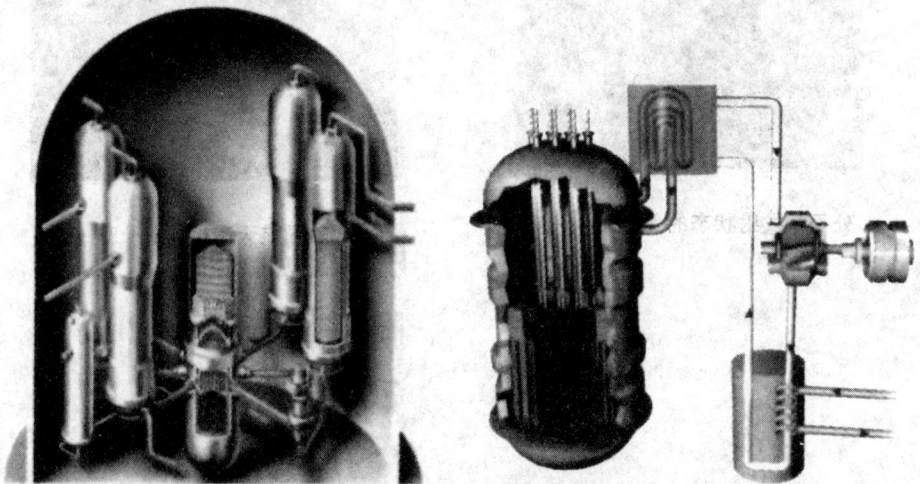

核反应堆内部结构

链式反应速度的快慢，使其缓慢地释放能量。另外，原子弹使用的核燃料中90%以上是容易发生裂变的铀235，而核反应堆使用的核燃料中铀235的比例不到5%。

核反应堆的用途包括供科学家进行核试验、发电、供热、为舰船或宇宙飞船提供动力、利用裂变产生的中子或同位素进行放射性医疗，以及生产其他裂变物质等。主要结构包括堆芯、冷却系统、慢化系统、反射层、控制与保护系统、循环冷却系统、屏蔽层、辐射监测系统和安全壳等部分。

堆芯是核燃料进行裂变反应的地方，中心部位叫做活性区，四周设有重水、水、铍或石墨制成的反射层，能够把活性区内逃散出来的中子反射回去。

由于速度较慢的中子更易引起核裂变，所以核反应堆中设有慢化系统，向堆芯投入能使裂变放出的中子速度减慢的物质，包括水、重水、石墨等，也称慢化剂。科学家还用硼、碳化硼、镉、银铟镉等吸收中子的材料做成控制棒和安全棒，控制棒用来调节反应速率，安全棒用来快速停止链式反应。

发生核裂变反应时会产生大量的热，需要循环冷却系统带走热量，避免反应堆因过热烧毁。循环冷却系统中含有水、重水、氦和液态金属钠等冷却剂，带走的热量可以使水变成蒸气，用来发电。反应堆的周围还设有屏蔽层，以减弱中子及 γ 射线辐射剂量；此外还设有辐射监测系统，能监测并及早发现放射性泄漏情况。

通常将采用重水作慢化剂和冷却剂的核反应堆称为重水堆，采用高压下的普通水作慢化剂和冷却剂的称为压水堆，采用水蒸气作慢化剂和冷却剂的称为沸水堆，采用气体冷却的称为气冷堆，采用石墨作慢化剂材料的称为石墨堆。如果根据用途来分类，可以分为实验堆、发电堆、动力堆、供热堆和生产堆等。

世界最大的载货卡车载重量

汽车是人们最常使用的交通工具，它的出现拓展了人们的出行空间，加快了生活的节奏，促进了各地之间的交流，改变了人们的思想观念，同时也改变了世界的风貌。

1885 年，德国人本茨研制成功世界上第一辆装有单汽油机的木制三轮汽车。它仿效马车的式样，乘客相对而坐，发动机装在车后，车轮是马车用的木轮。几年后，本茨创办的奔驰公司开始生产采用充气橡胶轮胎的汽车。

紧跟着，法国人帕纳尔创立了标致汽车公司，首次将发动机装在车的前部，通过离合器、齿轮变速器和传动装置把驱动力传到后轮。德国人发明了化油器，后来又采用电火花点火，通过蓄电池供电；英国人发明了石棉刹车

亨利·福特与福特 T 型车的合影

片和方向盘，法国人发明了万向节传动轴和后桥半独立悬架，使汽车逐渐具有了现代雏形。

早期的汽车都是一辆一辆地分别制造的，零部件不能通用，导致产量很低，价格居高不下。美国人福特首次采用流水线方式来生产汽车，所有零部件都是批量制造的，产品在装配线上向前移动，经过每个工人面前时分别装配一种零件，所有的汽车都由标准化的零部件组装而成，直到完整的汽车从装配线末端驶下。到1913年，福特的工厂每天能生产1 000辆T型汽车。由于批量生产降低了成本，每辆汽车的价格只有290美元，普通人也能买得起，汽车开始进入家庭。福特T型车一改以前马车式的造型，首次采用左置方向盘、齿轮变速箱换挡装置、一体式发动机汽缸和曲轴箱等新型设计，深受大众欢迎，到1927年总共售出了1 500多万辆，带动了世界汽车产业的发展。

各工业发达国家相继出现了一批汽车制造公司，人们不再满足单一的汽车式样，各种新设计层出不穷。20世纪50年代，"甲壳虫"型轿车曾经流行一时，这种结构简单、不讲究豪华的后置发动机汽车在全世界总共售出了2 000多万辆。以后，欧美国家一度流行船形和楔形轿车外形，追求车身宽大豪华。80年代以来，汽车设计开始侧重节能、安全和环保。

迄今人类制造的速度最快的汽车是"推力SSC号"喷气式汽车，它在1997年创下时速1 221 km/h的陆地最高车速纪录。采用常规发动机的速度最快的汽车是经过专门改装的马自达RX－7型跑车，时速达到384.7千米。最大的载货汽车是美国福特公司生产的"大力神式"卡车，长20.5 m、宽7.75 m，共有10个车轮，自重250吨，可以装载600吨货物。车轮最多的汽车是意大利制造的一辆载重量为3 600吨的搬运车，共有1152个车轮，牵引部分有8台发动机，由电脑操纵驾驶。最省油的汽车是日本本田公司的一辆节油实验车，装有排量为0.043升的单缸发动机，车身由超轻碳纤维增强复合材料制成，燃耗1升汽油可行驶3 000 km。

第一台电子计算机质量

今天使用台式计算机或者笔记本电脑的人们，很难想象第一台电子计算机是一屋子庞然大物，质量达 30 吨。

人类在远古时代就已经开始计算了。最早的计算工具就是自己的手指，后来又用石块、木棍、竹签、骨棒、绳子等来帮助计算。公元前 5 世纪，中国人发明了算筹，后来又发明了算盘，广泛应用于商业贸易中。

欧洲人最初也是用算筹来计算。17 世纪，文艺复兴促进了欧洲近代科学的发展，机械制造、航海定位、开凿运河、修筑堤坝、天文观测、计算火炮

美国科学家设计制造的第一台电子计算机"埃尼阿克"

弹道以及政府财政、税收等许多方面都需要复杂的计算，人们感到有必要研制一种能够替代手工计算的机械装置。英国数学家纳皮尔发明了计算尺，法国数学家帕斯卡发明了能够自动进位的机械加法器，德国数学家莱布尼兹对此做了改进，使之可以计算乘法。此后，法国人库尔马发明了可以进行四则运算的手摇计算机，一直沿用到 20 世纪初。

现代意义的电子计算机首先得益于图灵。1937 年，英国数学家图灵提出有关二进制数字计算机的原理和模型，后人称之为"图灵机"。美国科学家冯·诺伊曼等人也对计算机的设计发展起到关键作用。

第二次世界大战中，由于军事的需要，美国科学家研制出第一台电子计算机，共用了 1.8 万个电子管，总重量为 30 吨，每秒能进行 5 000 次加法或 400 次乘法运算。

1949 年发明晶体管后，第二代计算机诞生，采用磁芯存储器作为内存，可以存储程序，运算速度达到每秒几万次。这一时期出现了 COBOL 和 FOR-TRAN 等程序语言，使计算机编程更容易，并诞生了程序员、分析员和计算机系统专家等新的职业和软件产业。

20 世纪 80 年代以后，超大规模集成电路可以在芯片上容纳了几十万甚至上百万个元件，使计算机的体积和价格不断下降，而功能和可靠性不断增强，运算速度可达到每秒几亿次。1981 年，IBM 公司首次推出个人计算机，带有供非专业人员使用的程序和字处理软件，可以用鼠标方便地操作，用于家庭、办公室和学校。微软公司推出了最早的视窗操作系统。此后，计算机价格不断下降，开始广泛应用于各行各业。与此同时，计算机也在向不同类型方向发展，包括专用计算机、台式计算机、笔记本电脑、掌上电脑、服务器、工作站、大型计算机、超级计算机等，计算速度最快已达到每秒几十万亿次。

目前，科学家正在研制第五代计算机，包括超导计算机、光计算机、量子计算机、生物计算机、人工智能计算机等，能在更大程度上仿真人的智能。

中国杂交水稻每公顷产量

中国的水稻育种已处于世界领先水平。1950 年，我国水稻的平均单产只有 2.21 t/ha（吨/公顷），到 1995 年已达到 5.93 t/ha，居世界第七位。经过不到 50 年的努力，我国的水稻单产已提高了 1.8 倍。与此同时，稻谷总产量也由 1950 年时的 5 687 万吨跃升至 1995 年的 18 250 万吨。两相比较，水稻产量的增长速率要远远超过我国的人口增长速率。

近年来，我国杂交水稻的种植面积不断增加，年种植面积达 1 533 万 ha 以上，已占据水稻总面积的"半壁江山"。其产量占稻谷总产的 57%，单产为 6.60 t/ha。在 1976 年至 1995 年的这短短 20 年里，杂交水稻的累计种植面积高达 1.87 亿 ha，粮食增产 2.8 亿吨。

为了满足 21 世纪所有中国人的粮食需求，农业部于 1996 年提出超级杂交水稻培育计划。我国培育的超级杂交水稻品种在 2000 年达到了第一阶段单次水稻产量标准，即每公顷产量超过了 10.5 吨，一些品种已用于商业生产。

被称为"杂交水稻之父"的中国工程院院士袁隆平和同事们的努力集中在培育第二阶段的超级杂交水稻，并取得了良好的进展，其中最近开发出来的一些杂交水稻品种有每公顷 13 吨的潜力，最好的一个杂交水稻品种已连续两年都达到了 12 t/ha 的水平。

农作物改进的实践表明，到目前为止，只有改进地貌和应用杂交两种有效方式可以通过育种增加作物的产量潜力。但是，通过单独改进地貌提高产量的潜力非常有限，杂交育种如果不与改进地貌相结合也会出现不理想的结果。因此任何育种方法和方式，包括基因工程在内的高科技，都必须与良好的地貌特征和杂交优势相结合，否则不会产生能提高产量的杂交品种。

另外，在克服研究超级杂交水稻中出现的许多问题尤其是非常低的产籽率上，科研人员已经提高杂交水平，成功地研发出一些具有较强的杂交和正常的产籽率的交互亚种杂交品种。同时，实现超级产量目标必须依赖于生物技术的进步。到目前为止，科研人员已经取得了鼓舞人心的结果，例如使用野生水稻中的优良基因、利用谷仓草中的 DNA 创造一个新的水稻来源、克隆玉米里相关基因并成功置入水稻。正是基于这些技术进展，袁隆平等科学家提出了第三阶段的超级杂交水稻计划的产量目标。

根据目前的技术发展进度，我国超级杂交水稻培育已提出了第三阶段的超级杂交水稻计划，将在 2010 年之前实现每公顷 13.5 吨的产量目标。

当前我国的水稻育种正在酝酿第三次大突破，即利用水稻亚种间杂种优势已取得关键性进展，在两年内，具有更强大杂种优势的两系法亚种间杂交水稻就能培育成功，其产量潜力要比目前生产上应用的杂交水稻高出约20%。如将常规育种手段与分子育种技术结合起来，利用水稻的远缘杂种优势，水稻产量将获得更大的增长。通过形态改良、提高杂种优势水平并借助分子生物学技术等手段，可对育种技术进一步升级换代。我国杂交水稻的增产前景，无疑是极其广阔的。

美国新一代载人登月航天器的质量

2010 年，美国现有的航天飞机将全部退役。今后，将用什么新型航天器来完成未来的载人登月飞行呢？

根据最新的航天计划，美国将在未来时间里投资上千亿美元，研制新一代载人探测航天器，不仅要取代现有航天飞机的全部功能，能够将航天员送到近地轨道，完成国际空间站的组装工作，而且还要将航天员送上月球轨道并安全返回，今后还要将航天员送到火星上。

为此，美国航空航天局开展了"空间探索新构想初始概念"项目预研，认为新一代载人探测航天器最合理的设计是采用太空舱式飞船结构，而非机翼式结构。整体设计应采用传统火箭，可以保证更安全。采用模块化功能设计，航天器根据需要既可以载人，也可以载货，并遵循人货分离的基本原则，分别把人员和货物送入轨道，而不是像航天飞机那样，将入与货物一起送入太空。

美国未来载人探测飞行器的两种型号

美国航空航天局已决定，未来新一代载人探测航天器将有两种型号：一种用于国际空间站运输，运载能力为 25 吨；另一种用于月球探索计划，运载能力为 35 吨。经过改进后航天器可进一步提升运载能力，用于未来火星探测任务。

新的载人探测航天器和"阿波罗号"飞船很相似，但载人空间大了 1 倍，质量约 12 吨，能将 4 名航天员送往月球，每年最多可飞行 6 次；此外，也可作为国际空间站送接航天员或运送物资的货船。

运载火箭将沿用现有航天飞机的主发动机和固体燃料助推器，但布局改为上下两级串联结构，一级采用固体火箭助推器，二级为低温火箭。

新的登月之旅中，推进力强大的运载火箭将把登月着陆器和载货舱送上太空，之后另一枚较小的火箭再把载人航天器送上太空，分别进入地球轨道后，载人飞行器将与登月着陆器和载货舱对接成为一体，然后由第二级火箭将它们一同送往月球。进入月球轨道后，登月着陆器将与航天器脱离并降落到月球表面，航天器则仍留在月球轨道上。与"阿波罗"登月行动不同的是，4名航天员可以全部乘坐着陆器降落到月球上，而不必有人留守在航天器上。

航天员在进行大约7天的月球勘探之后，再次乘登月着陆器的返回舱从月球表面发射升空，回到月球轨道，与等候在那里的航天器对接。宇航员进入飞行器中，然后抛弃着陆器返回舱，飞回地球。在进入地球大气层后，航天器释放降落伞，启动制动火箭系统和气囊进行软着陆。

居里夫妇提炼镭耗费的沥青铀矿量

居里夫人是所有人都衷心敬佩的著名科学家，她的勤奋和辛劳可以用一个数据来衡量，那就是为提炼镭用过的沥青铀矿量。

19世纪末，自从人们发现天然放射性元素后，吸引了许多科学家对此进行深入研究，波兰裔法国物理学家居里夫人就是其中之一。

居里夫人决定全面检查已知的各种元素，测量这些元素发射出的辐射强度。她找来各种矿石和化学物品进行试验，初步结果表明，绝大多数材料的电离电流都比较小，唯独沥青铀矿石、氧化钍和辉铜矿石（内含磷酸铀）会产生很强的电离电流。居里夫人猜想钍也是一种放射性元素，发现其中有几块矿石的放射性甚至比纯铀的放射性还要强，但一般的化学分析都检验不出，所以必定能从大量矿石中提炼出有极强放射性的微量元素。

居里夫人的丈夫皮埃尔·居里认识到这项研究的重要意义，中断了自己的研究计划，协助居里夫人进行实验。他们将一个小木棚里改造成自己的实验场所，在极为简陋的条件下，以极大的毅力、耐心和勤奋投身到极其繁杂的化学分析中。

1898年7月，他们终于从沥青铀矿中分离出一种放射性强度为同量铀元素400倍的少量黑色粉末。这是一种化学性质与碲元素相似的新元素，原子序数为88，居里夫妇建议把它叫做钋，以此纪念祖国波兰。

但是钋只能解释粉末中的部分放射性，

居里夫妇在实验

他们认为其中还有另一种放射性更强的物质。于是居里夫妇继续进行更多的研究实验，寻找更多的沥青铀矿渣，用一系列分离结晶的方法不断提高这种物质的浓度。经过 4 年的努力，不知吃了多少苦头，终于从 8 吨矿渣中提取出了 0.3 g 这种纯氯化物白色晶体，其放射性比铀大 10 万倍以上。他们把这种新的放射性元素命名为镭。

居里夫妇认真研究了镭的放射性，发现在磁场的作用下，射线分成两束，其中一束不被磁场偏转，仍然沿直线进行，就像 X 射线那样；另一束在磁场的作用下发生偏转，就像阴极射线一样。另外还发现，当镭和空气接触以后，即使将镭拿开，留下的空气中依然有放射性，好像被镭传染了。后来德国科学家多恩研究了这个奇怪的现象，发现原来是镭在连续不断地产生一种放射性气体，这种气体起初被叫做"镭射气"，后来被命名为氡。

居里夫妇顽强而卓越的工作，大大促进了人类对天然物质放射性的研究。居里夫妇也因此荣获了 1903 年诺贝尔物理学奖。1911 年，居里夫人又获得诺贝尔化学奖，成为一生中两次获得诺贝尔奖的少数科学家之一。

美国 X – 45C 型无人战斗机的质量

你见过无人战斗机吗？这可不是科幻小说里描述的假想战机，而是即将投入批量生产，很快就要与有人驾驶的战斗机对决厮杀的"空中恶魔"。

20 世纪末，一些国家开始研制可用来承担侦察、攻击和电子战任务的多用途无人机，将其列为网络中心战的关键武器装备。在未来战争中，这些飞机能摧毁敌人的防空系统和弹道导弹发射车或移动指挥控制平台等快速移动目标，识别和摧毁敌方战斗机，为有人驾驶的打击力量扫清道路。

无人战斗机属于"智能型"飞机，它们从起飞到着陆，几乎完全不需要人的介入，能够自主控制飞行和任务执行。无人战斗机的任务都是按预先编好的程序执行的，只有一些关键的决策，像目标确定、武器的释放、损伤评估、任务的继续或终止、不同目标的选择以及任务的更改等，由后方指挥与

X – 45C 无人战斗机

遥控人员来完成。它们自身携带摄像机和传感器，能以多种波长扫描地形，在飞行中能够彼此通信以协调它们的攻击活动，互相通报目标区域内有关敌方火力部署、雷达探测和天气状况，以及敌友双方部队的位置等信息。

在实战中，无人战斗机一般采用群机作战方式，相互间通过视距内数据链通信，并由卫星通信进行控制指令的传送。小型、敏捷且具有隐身能力的无人战斗机能够长时间在战场上空盘旋，把战术数据转发给指挥中心，一旦发现敌人坦克纵队，它就能立即受命实施攻击，而不必等待从数百千米外派出的有人驾驶攻击机进行攻击。

无人战斗机由于没有飞行员，在设计时可以不考虑人的生理限制及生命保障系统、弹射座椅、控制系统甚至飞行仪表等，使飞机的尺寸大大减小，具有很小的雷达反射面积和更好的隐身性能。在作战中它不会像飞行员那样有厌烦、疲倦、恐惧或自负的心态，可以毫无畏惧地进入敌方防空空域或是已被生化武器污染的战场。

目前，美国已研制成功 X－45 和 X－47 两种无人战斗机，每种又分为数个型号。其中，主要供空军使用的 X—45C 型机采用蝙蝠翼式机体，无尾翼，全长 11.9 m、翼展 14.9 m、自身质量 7 吨，巡航飞行时速为 960 km，载重 2 吨，作战半径达到 2 400 km。主要供海军使用的 X－47A 型机外表呈菱形，长 8.5 m、翼展 8.4 m、自身质量 2.5 吨，能在航空母舰飞行甲板起降。

美国已决定从 2010 年开始将无人战斗机装备部队，与 F－22"猛禽"等共同组成战斗机群，到 2025 年左右，无人战斗机将成为美国空军战斗机群的主力。此外，法、英、俄、瑞典、以色列等国家也正在研制自己的无人战斗机。

新一代詹姆斯·韦伯望远镜的质量

天文望远镜是人类观察宇宙最重要的工具。

为了能够看清更远的天体，科学家将望远镜的口径做得越来越大。迄今，人类制造的最大的天文望远镜位于夏威夷冒纳克亚山的凯克天文台，每个质量达 300 吨，足有 8 层楼高，口径达到 10 m，可以将人类肉眼所能看到的星光亮度增强 1 000 万倍，能够观测到上百亿光年远的天体。天文学家用它来研究早期恒星是如何在"大爆炸"后的原始气云中形成的，还用它首次发现了太阳系外的行星。不过，10 m 口径已经达到了光学望远镜的极限，因为透镜越大，玻璃吸收的光线越多，反而会使放大的影像变模糊。

后来，科学家找到了提高望远镜分辨能力的好方法，即不再采用整块透镜，而是用数块甚至数十块较小的透镜，组成一个阵列，用精确的原子钟校正这些小透镜，使它们接收影像的时间一致，然后用电脑将图像拼合起来，其效果等同于一个口径为这些小透镜口径之和的大望远镜，科学家称之为"甚大光学望远镜阵列"。目前正在建造的欧洲南方天文台甚大光学望远镜阵列就是由 4 个 8.2 m 透镜和 8 个 1 m 透镜组成的，另一座即将建造的"大麦哲伦"望远镜准备采用 36 块透镜，可以将现有望远镜视力提高 20 倍。

为了克服大气的干扰，科学家们还将望远镜安置在地球轨道上，称为太空望远镜。其中最有名的当属哈勃太空望远镜，它于 1990 年 4 月发射升空，主镜口径为 2.4 m，可以观测到 140 亿光年远的天体，能看到暗至 29 等的星光，相当于看清 500 km 之外一支蜡烛的光亮。

尽管哈勃太空望远镜做出了很多重要的发现，但它的寿命最长只能持续到 2010 年前后，届时需要由新一代太空望远镜来接替它的工作，这就是詹姆斯·韦伯太空望远镜。

詹姆斯·韦伯望远镜能够探测到更远的太空，但质量只有哈勃望远镜的1/3。它采用反射式结构，省略了镜筒，主镜片直径约为 6 m，由 18 块六角形的镜片组成，探测遥远暗淡天体的能力是哈勃望远镜的 400 倍。

科学家计划于 2011 年将詹姆斯·韦伯太空望远镜发射升空，定位在距地球 151 万 km 远的日地系统平衡点，既远离大气尘埃的影响，也没有空间碎片撞击的风险。望远镜始终处于地球背离太阳的阴影中，可使日、地辐射对光学系统的影响最小。

詹姆斯·韦伯望远镜将主要利用红外波段进行观测，对宇宙的纵深进行研究，目的是了解星系、恒星以及包括地球在内的行星从宇宙"大爆炸"至今经历了怎样的演化过程。科学家希望用它"捕捉"到宇宙第一缕光线，即大约 110 亿年前最初的恒星和星系形成时发出的光芒。

阿雷西博 305m 射电天文望远镜

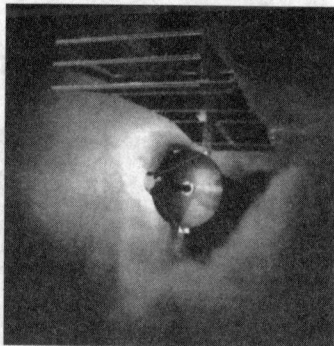

新一代詹姆斯·韦伯太空望远镜

第一台商用超级计算机的质量

　　超级计算机是计算机研究领域中最重要的前沿分支，也是最能体现一个国家科研技术水平的项目。目前全世界能够参与超级计算机研发的只有美国、日本、中国等少数几个国家。

　　超级计算机是由8个或更多的节点组成的、作为单个高性能机器工作的计算机集群，是当前所有计算机当中运算速度最快、价格最昂贵的计算机系统，可以存储大量的数据，进行复杂数学运算。

IBM 公司研制的超级计算机"蓝基因/L"

中科院曙光公司研发的国产超级计算机"曙光"4000A

由于时代不同，有关超级计算机的标准也不同。习惯上，人们将 1965 年由美国科学家克雷设计、控制数据公司制造的 CDC6600 作为世界上第一台超级计算机。它使用了 35 万个晶体管，每秒可进行 100 万次浮点运算，这么快的速度在当时令很多人感到不可思议。1976 年，克雷自己组建了公司，推出全球第一台采用向量寄存器的商用超级计算机"克雷 1 号"，共集成了 20 万个晶体管，占地将近 7 m^2，质量为 5 吨，每秒可以进行 1.5 亿次浮点运算。

20 世纪 80 年代，超级计算机开始采用大规模并行处理的分布式结构，让多个微处理器同时为一个程序工作，运算速度达到每秒 2 亿次。到 90 年代，运算速度超过了每秒万亿次。IBM 公司 1997 年研制的超级计算机"深蓝"，首次战胜了人类国际象棋世界冠军卡斯帕罗夫。

进入 21 世纪之后，超级计算机发展更加迅速。2003 年，日本 NEC 公司为日本海洋科学技术中心地球科学研究院制造的超级计算机"地球模拟器"，运算性能达到了每秒 41 万亿次，主要用于预测大气循环、地壳变化和地震发生等。紧接着，IBM 公司研制出一台性能更强劲的超级计算机"蓝基因/L"，运算能力达到每秒 70.72 万亿次。很快，英国爱丁堡大学研制的"HECToR"以每秒 100 万亿次的速度超过了它。不过，IBM 的另一台"ASC 紫色"超级计算机又追了上来，它主要用于模拟核弹爆炸的全过程，而以往仅仅为了模拟十亿分之一秒的核爆炸就要花费几个月的时间。

目前，克雷公司正在研制一种新型"超级电脑中心"，由数台超级计算机组成，速度可以达到每秒 350 万亿次，通过高速网络提供给远程用户使用，主要用于航天、汽车、化学等工业计算。IBM 公司则正在为美国全国科学基金会研制一台能够进行每秒 1 000 万亿次运算的超级计算机，可以精确预报世界任何地方的天气，以及模拟全球变暖的影响等。

中国是继美国、日本之后第 3 个能制造每秒 10 万亿次高性能计算机的国家。中国科学院曙光公司研发的国产超级计算机"曙光"4000A 的每秒峰值运算速度达到 11 万亿次，联想集团研发的"深腾"6800 和"深腾"1800 也首度进入全球超级计算机 500 强。

"引力探测器 B" 飞船的质量

自从爱因斯坦发表相对论以来，科学家们已经多次观测到光束和无线电波在经过太阳附近时出现微弱偏折现象，证实了相对论所预言的引力弯曲效应。不过，相对论预言的另外两种效应，迄今尚没有得到直接测量的证实。

爱因斯坦认为，地球的巨大质量会使地球周围原本平直的时空结构出现"凹陷"，引力其实就是物体沿着时空中的这种"凹陷"部位的曲线运动。此

重力探测器 B 在地球极地轨道展开后的形态

外，由于地球的自转，将会带动周围时空结构中的这种"凹陷"一起运动，从而能将这种"凹陷"结构轻微扭曲成四维"旋涡"结构。这两种现象分别称为测地效应和惯性系拖曳效应。

这两种效应在地球表面过于微弱，在 1 年内造成的扭曲结果仅为十万分之一度，相当于人们从 400 m 外看一根头发丝那么细的物体。由于受测量技术所限，数十年来科学家们一直难有进展。

既然在地面上难以观测，能不能把实验移到太空中呢？1959 年，三位美国科学家首次提出利用人造卫星探测引力效应的想法，其基本原理是：把一个旋转的陀螺仪放在地球的轨道上，将陀螺仪的自转轴对准一颗遥远的恒星作为固定的参考点，如果空间是扭曲的，陀螺仪的轴向就会随着时间轻微地改变。只需精确记录下陀螺仪的轴向相对于参考恒星的改变量，就能测量出时空的扭曲程度。

差不多经过了半个世纪，直到 2004 年 4 月，用于检验这两种时空效应的"引力探测器 B"飞船终于发射升空。该飞船长 6.4 m，质量 3.1 吨，最主要的仪器是非常灵敏的超高精度回转陀螺仪。其中的 4 个由石英制成的陀螺旋转球经过精心打造，表面光滑无比，偏圆误差不超过数个原子的大小，被称作迄今人类制造出的最完美和最滚圆的球体。

为了提供一个近乎理想的时空参照系，这些陀螺仪必须处在最安静的环境下，丝毫不受任何外力的影响。旋转球以电场力方式悬浮在陀螺仪的中心位置，在真空状态下，以每分钟 1 万转的速度在一个对准了参考恒星的望远镜内旋转。望远镜外部包裹着超导铅袋，使其不受外界磁场影响。这些仪器被置于液氦冷却的绝热真空容器中，处于接近绝对零度的环境下，外面还有 4 层铅保护层，隔绝任何外界干扰。

如果爱因斯坦的预言是正确的，由地球导致的时空弯曲会使这些陀螺仪小球的旋转产生不平衡，逐渐脱离准线，并使陀螺仪沿着与地球自转轴相垂直的方向旋转。虽然这些变化很微细，但可以被飞船内的超导量子干涉仪感知。目前，该飞船已完成数据收集任务，科学家正在对这些数据进行分析。

欧洲"罗塞塔号"彗星探测飞船的质量

2004 年 3 月，一艘名为"罗塞塔号"的探测飞船发射升空，飞向距离我们非常遥远的楚留莫夫—格拉希门克彗星。与以往历次探测行动不同的是，此次探测不是等待这颗彗星来到距地球最近点，而是花费 10 年时间，到达该彗星在大椭圆轨道上的最远处，然后环绕彗星飞行，成为这颗彗星的卫星，伴随它一起沿彗星轨道不断向太阳靠近，直至彗星到达距离太阳最近点。

虽然科学家们曾多次利用飞船近距离观测彗星，但是对彗星的了解还很不够。彗星是太阳系中最古老的天体之一，其中含有原始星云物质的冰冻残留物。由于长期处在温度极低的宇宙空间，因此彗星犹如一个封存了 47 亿年的"时空胶囊"。通过研究彗核内部的成分和结构，人们可以了解太阳系形成时的情况。

科学家们将"罗塞塔号"飞船此行探测的时机选择在彗星距离太阳较远、温度很低、彗核表面没有任何喷发物质的时候，目的是观测彗星处在冷冻状态时的形貌特征，获取和分析彗核内部太阳系形成时期的原始星云物质，并了解彗星在逐渐接近太阳的过程中发生的变化。

楚留莫夫—格拉希门克彗星是 1969 年发现的一颗中等大小的彗星，彗核直径大约 4 km，轨道位于地球与木星之间，每 6.6 年围绕太阳旋转一周。

"罗塞塔号"飞船质量 3 吨，共携带 10 个科学探测仪器，包括用于拍摄彗核和小行星高分辨率图像的光谱与红外遥感成像系

欧 "罗塞塔号" 飞船派遣着陆器
登临彗星的模拟图

欧"罗塞塔号"飞船探测楚留莫夫-格拉希门克彗星模拟图

统，用于分析彗发和彗核中的气体、测量彗星水分数据的紫外成像光谱仪，用于测量彗星主要气体成分、彗核温度的微波仪，以及分析彗星的物理和化学构成及电磁和引力特性等仪器。此外，飞船还携带了一个名为"菲莱"的着陆器，质量100kg。

当2014年5月到达该彗星后，飞船将进入距彗星几千米的环形轨道，成为首颗人造彗星卫星，随后启动照相机，拍下凹凸不平的冰核形貌，寻找合适的安全着陆点。然后，着陆器将脱离飞船，慢慢降至彗星的冰壳上，并对周围环境进行详细探测。着陆器将被固定在彗核表面，钻取和拍摄彗星表层下的物质，分析这些物质的成分、硬度和密度等，同时把拍到的照片和获得的数据通过"罗塞塔号"飞船传回地球。

世界上第一架私人航天飞机
"太空船1号"的质量

在普通人的印象中，航天、宇宙飞船、载人进入太空，这些都是世界上极少数技术最先进的国家倾全力才能打造出来的东西，动辄数十亿上百亿美元的投入还不一定能搞得出来，怎么会有私人玩得起？

近年来航天技术的发展带动了太空实验的火爆，很多大学和研究机构纷纷开展太空零重力下的各种实验研究。这些实验必须在没有重力的地球轨道上进行，每项载荷通常重几千克至数百千克，需要在太空停留几天时间。而美国的航天飞机和运载火箭都在执行军方和政府机构规定的任务，只能用搭便车的方式顺便搭载一些实验载荷，既不能保证时间，费用又很昂贵，对搭

"太空船1号"正在着陆

太空船 1 号与运载飞机"白骑士"

载的物品还非常挑剔，常常排队很久也安排不上，严重影响了空间科学的进展。

另外，太空热也引发了一些富人上太空旅游观光看风景的向往。根据一项调查，仅在美国和加拿大就有 10 多万人，愿意支付每人 10 万美元遨游地球亚轨道空间。这就为私人小企业进入这一领域创造了机会。为了激励人们开发出可重复使用的载人航天器，著名企业家彼德·迪曼蒂斯出资 1 000 万美元，创立了国际太空飞行器设计竞赛安萨里 X 大奖。获奖的要求是：第一个设计制造出能够携带 3 名乘员的航天器，到达 100 km 高的地球亚轨道空间，然后安全返回地面，在更换不超过航天器重量 10% 的装置之后，14 天内再次重复地球亚轨道空间飞行。目前在美国，大约有几十家私人小企业瞄准了这一竞赛奖项，努力研制开发新一代低成本的载人航天器。

在这些私人小企业五花八门的设计中，目前只有两种载人航天器可以投入使用，一种是名为"猎隼"的小型运载火箭，可将重几十千克的小卫星送入近地轨道；另一种则是名为"太空船 1 号"的小型航天飞机，自身质量 2 吨，有一个驾驶席和两个乘员席，机翼宽而短，机身尾部有一台火箭推进器，发射时先由一架运载飞机将其携带至海拔 1.5 万 m 的高空，"太空船 1 号"与运载飞机分离后，可以在 80 s 内依靠自身动力上升到 100 km 地球亚轨道，并在那里停留约 3 分半钟。

2004 年 6 月 21 日，"太空船 1 号"进行首次亚轨道高度试飞取得成功，随后凭借自身机翼，重返大气层后平安返回地面，飞行共持续 90 多分钟。同年 10 月 4 日，"太空船 1 号"在更换很少的零部件后再次冲击纪录，飞行高度达到了 112 km，最后安全返回。不仅顺利赢得安萨里 X 大奖，而且向世人证明廉价太空游指日可待。

目前，"太空船 1 号"的设计师正在与英国维珍集团合作，着手研制一架可乘坐 6 人的小型航天飞机，能以 3 倍音速升至 143 km 的高度。他们计划将在 2010 年前开辟世界上首条商业太空飞行航线，把旅游观光者送入地球亚轨道空间并停留数分钟，每名乘客收费约 15 万美元。

人类见到的最大陨石质量

看过科幻电影《天地大冲撞》和《世界末日》的观众都被其中天外陨星撞击地球的灾难场景所震撼。然而很少有人想到,现实版的"天地大冲撞"也可能会降临到我们头上。

当小行星高速闯进地球大气层时,其表面因与空气的摩擦产生高温而燃烧,并且发出强光,称为"流星"。如果流星没有完全烧毁而落到地面,便称为"陨石"。

流星撞击地球并不稀奇,平均每个夜晚都有1亿多块太空碎片闯进地球大气层。幸运的是,这些碎片绝大多数只有小卵石那么大,1亿多块碎片的总重量也不过区区几吨。地球大气层相当厚,足以把它们中的大多数化为灰烬。所以它们通常都有惊无险地从我们头顶疾驰而过。

但如果这些陨石的体积再大些,在撞入地球大气层时将会发生爆炸。这样一颗陨星撞击地球时所释放出的能量是极其巨大的。一颗直径约 2 m 的陨石与地球相撞,其威力相当于 4 000 吨爆炸当量,而一颗直径 1 km 的天体撞上地球时造成的冲击则相当于数十亿吨爆炸当量威力,比在广岛上空爆炸的原子弹所释放的能量大几百万倍。

1908 年 6 月,一颗直径约 60 m 的石质陨星在西伯利亚通古斯地区上空约 6 000 m 处爆炸,远至伦敦都听到了爆炸声。爆炸地点周围 50 km 地区的树木均被烧焦,超过 2 000 km^2 的森林被爆炸冲击波夷为平地,其威力相当于 1 000 万吨当量。

迄今人类所见到的最大整块陨石质量为 1 770 kg,是 1976 年 3 月在中国吉林地区落下的一场陨石雨中最大的一块。在美国亚利桑那州北部有一个直径 1 265 m 宽的巴林杰陨石坑,那是 5 万年前一颗直径 30 m 左右的铁质陨星造成的。而在距今 6 500 万年前，一颗直径为 10 km 的陨星猛烈地撞击了地球，在现今墨西哥的尤卡坦半岛造成了一个直径约 170 km 的盆地。有科学家认为，这次爆炸释放出的能量及其后的一系列影响使地球上的生命灭绝了 70% 以上，包括称霸一时的恐龙。

这些陨星大多数来自于近地小行星，它们原本位于火星和木星之间的小行星带，由于受到木星引力摄动的影响而进入地球附近的轨道。据科学家估算，大约每 1 万年就有一颗直径大于 100 m、相当于百万吨级核弹的小行星撞向地球，每 10 万年就有一颗直径大于 1 km 的小行星向地球飞来，而直径大于 10 km 大小的小行星平均 1 亿年左右会与地球相撞一次。

全球各地的科学家目前正在合作开展对近地小行星的搜索观测，迄今已发现了大约 500 颗对地球构成潜在威胁的小行星。一旦确定它有可能撞上地球，就将提前采取必要措施，使其改变飞行轨道；或者像电影《天地大冲撞》那样，直接用核弹摧毁它。

1976 年在中国吉林地区落下的一场陨石雨中的部分陨石

直径 1 265m 宽的巴林杰陨石坑

一座发电量为 100 万千瓦的核电厂
每年消耗的核燃料质量

2008 年初袭击中国南方的一场大面积冰冻雨雪，导致一些地方公路铁路停运，煤炭运输中断，火电厂因缺煤而被迫停止发电，很多城市突然陷入黑暗与寒冷之中……

这正是能源短缺带给人们生活影响的真实写照。当今世界原油和煤炭储备日益减少，造成能源供应紧张，油价和煤价一路上涨。按照现在的消耗速

中国大亚湾核电站

度，煤、油等资源用不了多少时间就耗尽了，而可再生能源又远无法满足目前的能源需求。能源短缺越来越成为中国乃至世界经济发展的最大障碍，而发展核电是目前解决能源需求的一种好方法。

虽然建设核电站一次性基建投资较大，但因所需燃料数量少，而且不必长途运输和占地储存，所以发电的总成本要比火力发电便宜10%以上。如果再考虑长期大量燃烧煤和石油引起的严重环境污染和生态问题，核能更具有得天独厚的优越性。

以一座可供应数百万人口的城市一年用电的100万kW火力发电厂为例，一年要消耗200多万吨煤，差不多每天都需一整列的火车来运煤；此外，每年发电厂要排放上万吨二氧化碳、数十万吨二氧化硫和氮氧化物，以及上百万吨煤灰粉渣。而同等发电量的核电站每年只消耗1.5吨浓缩铀或30吨天然铀燃料，几乎不排放任何污染物。

有人担心核燃料具有放射性，其实只要措施得当，设计科学，就能有效控放射性对环境的污染。目前，全世界有441座核电站，仅发生过一次较严重的切尔诺贝利核事故，它是运行人员违章关闭了安全系统和反应堆本身设计缺陷所造成的。其他如美国、日本等核电站发生的轻微泄漏事故，附近居民受到的放射剂量尚不及佩带一年夜光手表受到的辐射剂量。况且，新一代核电站已经改进了设计，反应堆有几道安全屏障，即使发生轻微故障也会立即自动停机并封闭，不会有任何放射性物质泄漏出来。

核电站的关键设备是核反应堆，相当于火力发电厂的锅炉，产生的热量通过一次回路中的冷却剂（水或二氧化碳气体等）传递给蒸汽发生器，使水变成蒸汽，通过二次回路送至蒸汽轮机，发出电能后输送出去。

核电站的安全设备包括稳压装置、危急冷却系统和安全壳等。当反应堆出现故障时，稳压装置立即提供超压保护。危急冷却系统是为了应付一次回路管道破裂造成的失水事故，立即向反应堆内喷洒化学药剂，防止泄漏蔓延。安全壳由很厚的钢板和混凝土墙构成，既用来防止放射性物质从反应堆扩散出去，也能够抵御恐怖分子的高爆炸弹袭击。

1831 年制成的强电磁铁能吸起的铁的质量

我们的生活处处离不开电，每天都要用到电话、电视、电脑、游戏机、电灯、电冰箱、电扇、空调，甚至电炉、无轨电车、电气火车等，我们的日常用品很多是用电驱动的机械制造的。尽管我们常常与电打交道，但谁也没有亲眼见过电。这种看不见、摸不着的神奇的电，人类是怎么发现并学会驾驭它的呢？

古代时人们就注意到，在干燥季节用毛皮相互摩擦后毛发会竖立起来，还能吸引羽毛、纱线、小块绒球等物，但大家都不知道是什么原因。1600 年，英国人吉尔伯特对此现象进行了研究，首次将这种性质称作"电"。

1733 年，法国科学家迪费发现，将摩擦后带电的两根琥珀棒或两根玻璃棒悬挂起来，它们会互相排斥，但是一根带电的琥珀棒和一根带电的玻璃棒则会彼此吸引，如果使它们互相接触，二者都将失去电性。迪费认为，这表明电有两种，一种是"玻璃电"，另一种是"琥珀电"。

同一时期的美国人富兰克林也对电发生了浓厚的兴趣。他认为，当玻璃受到摩擦时，电就流入玻璃，使玻璃"带正电"；而当琥珀受到摩擦时，电就从琥珀流出，使琥珀"带负电"。他还进行了著名的风筝实验，揭示了天空电闪雷鸣其实是一种放电现象，并发明了避雷针。

18 世纪下半叶，荷兰莱顿大学科学家米斯亨布鲁克在玻璃瓶的内外表面都贴上锡箔，电荷经由铜丝穿过瓶塞进入瓶内，保存在锡箔上，当人接触到带电的玻璃瓶时会受到强烈电击，还能产生电火花。人们将此称为"莱顿瓶"，它是最早的电容器。意大利物理学家伏打用盐水将许多铜片和锌片叠放在一起，可以产生连续的电流，人们称之为"伏打堆"，它是最早的电池。

有了这些能够产生和保存电的装置，科学家们开始对电现象进行深入研究。法国科学家库仑对电的引力和斥力作了测量，发现它们与距离的平方成反比。英国科学家戴维利用电解方法，从化合物中首次提取了钠、钾、镁、钙等金属。他的学生法拉第继续此类研究，得出了法拉第定律。此外，法国科学家安培、德国科学家欧姆等人也对基础电学做了大量贡献。为了纪念这些科学家，后来人们将电量、电流、电压、电阻、电容和电动势的单位用他们的名字命名。

1823 年，英国人斯特金用裸铜线在一根 U 形铁棒上绕了 18 圈，制成第一个电磁铁。美国人亨利采用绝缘导线代替裸铜线，制成的强电磁铁能够吸起 1 吨的铁块。1845 年，英国科学家惠斯通发明了采用电磁铁的发电机。此后，有关电的发明越来越多，人们终于学会如何使用电了。

意大利科学家伽伐尼

英国科学家戴维

"科洛特号" 日外行星探测飞船的质量

究竟有没有外星人？宇宙中是否还存在其他智慧生命与文明？

几个世纪以来，这个问题一直强烈地吸引着人们，成为无数科幻小说和电影的主题。作家们把外星人安排在月球、火星、金星甚至木星上，然而当太空飞船真的探测了太阳系中所有大小行星后，事实却让我们越来越失望，所谓"挖掘运河的火星人"和"温暖如春的金星绿洲"等全都是异想天开，

"科洛特号" 日外行星探测飞船

万古空寂的月球和炼狱一般炎热的水星上没有丝毫生命的迹象，太阳系中绝大多数地方都不适合生命存在，更何谈所谓的智慧文明。

不过，仍有许多人坚信宇宙中存在外星人，他们住在太阳系以外的其他星球，经常乘飞碟来拜访我们。每年都有人宣称看见了不明飞行物，甚至有人绘声绘色地描述自己与外星人接触的经历。

在这些坚信者中不乏一些大名鼎鼎的科学家，其中最有代表性的是美国康奈尔大学天文学家德雷克。他从科学角度详细分析了外星生命与智慧文明存在的可能性，认为仅在银河系就有上千亿颗恒星，其中至少在10亿个行星上出现过技术文明，现存的智慧文明数量则以百万计。然而几十年来，科学家们利用各种最新的天文望远镜找遍了宇宙的各个角落，却仍然得不到有关外星智慧文明的任何信息，反而使我们确信宇宙中越来越多的地方根本就不适合生命存在，甚至银河系中普遍存在生命这一说法也受到强烈质疑。

科学家们已认识到，要寻找外星智慧文明，首先要找到太阳系以外的行星，因为外星生命最有可能出现在类似我们地球这样气候温暖、环境适宜的地方。近年来，随着观测技术的进步，人们已发现了200多颗太阳系以外的行星，其中包括20多个拥有两颗以上行星的行星系，以及数颗类似地球的石质行星。不过，由于在地面观测受到大气层的影响，很容易出现误差，只能探测到质量相当于木星大小的行星。如果能够将观测地点放到太空中，效果就会好得多。

2006年12月，欧洲航天局发射了一艘名为"科洛特号"的探测飞船，它的主要任务就是寻找太阳系以外的行星。这艘飞船质量为668 kg，携带的太空望远镜和仪器能探测到遥远恒星亮度的极细微变化，由此确定是否有类似地球大小的行星运行在恒星和我们地球之间，遮挡了一部分来自恒星的光亮，并能够测定该行星的大小和物质构成。科学家们希望这艘太空探测飞船能够至少找到10颗适宜生命存在的类地行星，并最终发现存在外星智慧文明的迹象。

"阿波罗号"航天员带回的月球岩石土壤样品量

月球是距我们最近的天体，也是人类下一步将要开发的目标。有关月球的一切都让科学家们倍感兴趣，特别是月球与地球之间的关系，它们究竟是"兄弟"还是"母女"？因为这关系到月球的地质演化与物质成分。

从18世纪起，人们就不断提出假说，来描述月球的起源。有人提出月球与地球都是在46亿年前由同一团原始太阳星云物质形成的，其中大部分物质形成了地球，小部分物质形成了月球，地球和月球是"兄弟"关系。有人认为，月球原先是地球的一部分，由于地球自转太快而从赤道甩了出去，二者是"母女"关系。甚至有人认为，太平洋就是月球被甩出去后留下的疤痕，因为月球的体积刚好可以填满太平洋，而且因为被甩出去的是地球的外壳部分，所以月球的密度与地壳密度差不多。此外还有人认为，月球是被地球俘获的。这些假说都获得了一些天体力学推演结果的支持，但在某些问题上又都难以自圆其说，天文学家为此长期争论不休。

20世纪60年代末到70年代初，先后有6艘美国"阿波罗号"载人飞船将12名航天员送上了月球，并带回了381 kg月球土壤和岩石样品。此后，又陆续不断发射各种飞船探测月球。科学家根据这些探测数据和样品分析结果来推测月球的历史，逐渐形成并完善了一种新的月球起源假说，认为在太阳系诞生后大约5 000万年，在现今地球轨道

"阿波罗号"航天员带回的月岩样品

附近，有一个比现在地球略小一些的原始地球和一个火星般大小的天体，科学家给它起名为"泽娅"。它们在各自的演化中均形成了以铁为主的金属核和硅酸盐成分的地幔及外壳。这两个天体相距很近，最后撞在一起。剧烈的碰撞改变了地球的运动状态，使地轴发生倾斜，大量高温气化的岩石尘埃和部分地幔物质被撞飞出去，与此同时，"泽娅"也彻底破碎，其中的金属核部分与地球合并，其他较轻的物质与地球飞溅出的物质混合在一起，分散在离地球不远的空间轨道上，最后聚合成了月球。由于它们聚集的速度非常快，产生的热量使刚刚诞生的月球外层熔化，形成液态熔岩，覆盖在整个月球上。随后，密度较低的矿物浮到岩浆面上，形成了月球的外壳。

该假说能够说明月球的地质构造与物质成分特点，解释为什么月球的密度比地球低，为什么富含难熔元素，为什么一些同位素的比例比地球高等问题。然而，这还需要通过进一步深入探索来验证。近年来，美国、欧洲、日本、中国等先后派出飞船和卫星绕月飞行，采集月球表面化学成分的光谱数据，绘制完整的高分辨率月球地形地貌图及表面元素含量与分布图，用来检验有关月球起源的理论。

19 世纪在澳大利亚发现的最大天然金块的质量

黄金是人们最喜爱的金属。但很多人不知道，黄金在科学史上曾起到过重要的作用。

在自然界中，黄金通常呈单质状态存在，是人们最早认识的物质之一。它常与河沙混合在一起，或与岩石掺杂成块状。在世界各地都曾发现过金沙和天然金块，其中 19 世纪在澳大利亚发现的最大天然金块达 214 kg。

早在远古时代，人们就用黄金来制作装饰品，后来又作为货币使用。至今，世界各国银行仍将黄金储备作为发行货币的基准之一，仍有许多人习惯将黄金看做是财富的象征，以佩戴黄金制成的首饰为荣。

中世纪的炼金术士仔细研究了自然界不同物质的特性

法国化学家波义耳和他的实验室

由于黄金珍贵而稀少，古代无论是东方还是西方，都有很多人希望通过某种方法，利用廉价金属制成黄金，由此发展成为一门独特的知识——炼金术。例如古希腊的炼金术士先把锡、铅、铜、铁等按一定比例熔合成黑色合金，在其中加入水银、砷或锑，使其变成白银色，然后再加入少量黄金"酵母"，并用硫黄水等"染媒剂"进行处理，最后合金呈现出金黄色，似乎就真的变成"黄金"了。

这是科学史上最令人惊叹的一幕。从公元前15世纪起直到公元17世纪大约3 000多年间，无数炼金术士在自己家里或深山老林的烟熏火燎中，做了大量化学实验，为后人留下很多描述自然界各种物质特性的书籍。许多西方早期科学家包括牛顿在内，都是炼金术的忠实信奉者。

虽然最终没有炼出黄金，但炼金术的方法后来应用到制药和冶金方面，逐渐演变成西方近代化学。英语中"化学"（Chemistry）一词就来自于"炼金术"（alchemy），而"化学家"一词本来的含义则是药剂师，因为早期并没有化学家这个专门职业，都是由药剂师兼任的。

通过炼金术，人们逐渐形成了有关元素与化合物的概念，不仅发现了磷、砷等以前不知道的元素，而且制造出许多自然界原本没有的化合物，包括硝酸、盐酸和硫酸等。它们比以前人们所用醋酸的酸性要强得多，不需要高温及长时间的等待就可以把物质分解。人们逐渐明白了哪些东西可以分解成更简单的物质，哪些则不可以。到 18 世纪，以往人们一直以为是元素的空气被分离成氧和氮，水被分解成氢和氧，石灰石则被分解成氧化钙和二氧化碳……在这一过程中，人们认识了越来越多的元素，最终建立起科学的元素学说和原子论。

直到 20 世纪人们才真正了解，黄金与其他元素一样，都是由电子和原子核组成的，它们之间的差别是原子核内的质子和中子数目不同。现代科学家利用高速粒子轰击原子核，可以导致原子核发生嬗变，完全有可能用其他物质人工制造出黄金，实现古代炼金术士的梦想。

美国"勇气"号火星车的质量

在太阳系所有八大行星中，人类最感兴趣的就是火星，这不仅是因为它是离我们地球最近的邻居之一，便于我们不时拜访，也不仅是因为火星在历史上与地球环境非常相似，最有可能在上面找到地外生命，而是有更现实的意义，因为我们可以把它当做地球的行星参照物。深入研究火星的特性、气

"勇气号"火星漫游车

美国"凤凰号"火星着陆器

候和地质，有助于我们更清楚地了解有关地球生命的起源与进化、环境和气候的演化与未来趋势，以及地球人类今后所面临的挑战。

美国、俄罗斯、欧洲以及中国等都制定了在本世纪头 20 年探测火星的规划。特别是美国航空航天局从 20 世纪 80 年代起，就把探测火星作为发展航天技术的一个主要目标，制定了详细而具体的长期"火星技术发展计划"，几乎每隔一年都要发射飞船对其进行实地探查，甚至提出在 2020 年前后派遣航天员直接登临火星。

以往人们探测火星主要利用轨道飞行器和着陆器及火星漫游车。轨道飞行器实际上就是围绕火星运行的人造卫星，通过摄像机和遥感、探地雷达等设备，从整体上了解火星上的大气、地貌、重力、磁场、土壤与矿物成分、内部结构和气候等情况，协助寻找适合火星着陆器降落和探测的地点。

在未来的火星探测任务中，轨道飞行器将更精确地调查火星的环境，在地表和地下寻找水源，详细了解火星的地质史和演化情况。此外，轨道飞行器还可以作为火星中继通讯卫星，协助火星上的着陆器、火星车、气球和火星飞机进行通讯和导航定位。

着陆器和漫游车是实地考察火星表面情况的重要工具。美国在2003年发射的"勇气号"和"机遇号"两辆漫游车每辆质量180 kg，在火星上行走了很远的距离，利用携带的电动钻孔机和显微成像仪对火星岩石内部进行观测，取得很多新发现。2007年8月发射的"凤凰号"火星着陆器携带有机器人手臂和小型实验室装置，当它于2008年5月在火星北极附近富含水的冰帽地区着陆后，机器人手臂将开挖地下半米深的冰层，搜寻是否存在生命所需的有机化合物。科学家将了解该地区是否适合未来人类居住。美国还计划在未来发射携带更多的仪器、通过崎岖地形能力更强、行走速度更快、可在火星上行走得更远的大型漫游车"火星科学实验室"。

此外，科学家们还在研制能够在火星大气中飞行的火星气球和火星飞机，以便比轨道飞行器更近距离地观测火星表面；还准备发射一台能够钻探火里表面下200 m深度的无人操控智能火星钻机，寻找藏在深处的水源和生命。

俄罗斯太阳帆飞船"宇宙1号"的质量

　　俄罗斯人非常具有创新精神，最早的多级运载火箭设计、第一颗人造卫星和载人飞船等都是他们做出的。如今，他们又首先开展了一种新型动力飞船——太阳帆飞船的实验研究。

　　20世纪70年代，美国科学家就曾提出过建造太阳帆飞船的设想，建议利用它去探测哈雷彗星，但由于当时技术还很不成熟，整个项目最终被取消。一些科学家并不赞同太阳帆飞船的驱动原理，认为违背了有关物理法则并且

俄罗斯科学家研制的"宇宙1号"太阳帆飞船主体结构

俄罗斯"宇宙1号"太阳帆飞船在太空张开帆后的外形模拟图

存在技术障碍，各国航天机构也没有真正把它列入研发计划，不过俄罗斯科学家对它情有独钟。

2000年，俄罗斯科学院巴巴金科学研究中心的科学家与外国的民间航天科技爱好者合作，共同开展太阳帆飞船太空实验项目，研制出人类历史上第一艘试验型太阳帆飞船"宇宙1号"。它的质量为100 kg，有8个如风车叶片的三角形帆，每个帆的长度为15 m，相当于10层楼高。这些帆由增强型聚酯薄膜制成，上面镀有一层薄薄的反光金属铝膜。这些帆以飞船的主体为中心环绕排列，帆的厚度仅5μm，和家用保鲜膜差不多，但却坚韧异常。

实验只能在太空进行，因为大气压力和风会把光压淹设，太阳帆在地球大气中无法工作。"宇宙1号"发射的时候，太阳帆被折叠起来，当进入环绕地球的800 km预定轨道后，飞船的太阳能电池板将会展开，并自动转向太阳的方向，为飞船的其他设备提供电力，15～22分钟后启动全球定位系统，指引飞行操作。飞船将向太阳帆的支撑架充气，折叠的帆便会像花瓣一样展开，覆盖面积约 600 m^2（相当于 1 个半篮球场的面积），然后自动调整角度，使其像直升机的旋翼一样旋转，以便反射来自不同方向的阳光。来自太阳的光子照射到帆上会产生作用力，推动飞船前行，将它推到一个更高的轨道。科学家们甚至准备用地基雷达发出的微波波束照射太阳帆，测试飞船的加速度，验证微波是否能像光这样成为飞船航行的动力。

　　然而，该项计划在实施的过程中却是命运坎坷，一波三折。2001 年 7 月 20 日，"宇宙 1 号"从巴伦支海发射升空，进入太空预定轨道后，飞船没有与火箭的第三级分离，结果太阳帆没有打开，第一次实验失败。2005 年 6 月 22 日，"宇宙 1 号"再次从巴伦支海升空。原定计划飞船发射升空后将飞越过北俄罗斯和西伯利亚，经过堪察加半岛东部冲出地球大气层。但在发射后的第 83 秒，火箭推进器的引擎出现故障停止工作。在发射约 20 分钟后，飞船与地面失去了联系，实验又一次失败。

　　不过，俄罗斯科学家们并没有放弃实验，准备再次发射，发誓让太阳帆飞船真正能够在宇宙中航行。

世界第一颗人造地球卫星的质量

世界第一颗人造地球卫星的质量跟一个中度胖子的体重差不多。

人造地球卫星是指能够环绕地球飞行并在空间轨道运行一圈以上的无人航天器。1957 年 10 月，前苏联把第一颗人造地球卫星送入轨道，在椭圆形轨道上环绕地球飞行，近地点距地面 250 km，远地点 900 km，运行周期 96.2 分钟。这颗卫星呈圆球形，直径为 58 cm，重 83.6 kg，星内装有两台无线电发射机、化学电池、测量星内温度与压力的感应元件、磁强计和辐射计数器等。卫星上除了发出"嘟…嘟…"的无线电波外，只能测量轨道间的大气密度和湿度以及电离层的电离子浓度，但它标志着航天时代的来临，自此人类的活动疆域已经从陆地、海洋、大气层扩大到了宇宙空间。

不到 4 个月，美国也发射了它的第一颗人造卫星"探险者 1 号"，所携带的摄像机使人们有史以来第一次完整地看见自己所居住的星球。不久，美国又发射了气象观测卫星"泰罗斯 1 号"和"泰罗斯 2 号"，在 10 个星期内发送回 2 万幅广袤的地球表面以及覆盖着云层的照片，其中包括气旋照片和正在产生龙卷风的云层照片，使气象学家能够比用常规的方法早两天确定出飓风的位置。

美国 1962 年 7 月发射的第一颗通讯卫星"电星 1 号"能够接收地面发射的无线电波，把信号放大后再发射回来。通过卫星转播，电视节目第一次越过大洋。1963 年美国又发射了"辛康 2 号"和"辛康 3 号"卫星，它们位于距地球 35 680 km 的轨道，运行周期刚好是 24 小时，静止在大西洋和印度洋上空与地球作同步运转。1964 年 10 月，这颗通讯卫星曾把奥林匹克运动会的实况从日本转播到世界各地。

中国于 1970 年 4 月 24 日成功地发射了第一颗人造卫星"东方红 1 号"。

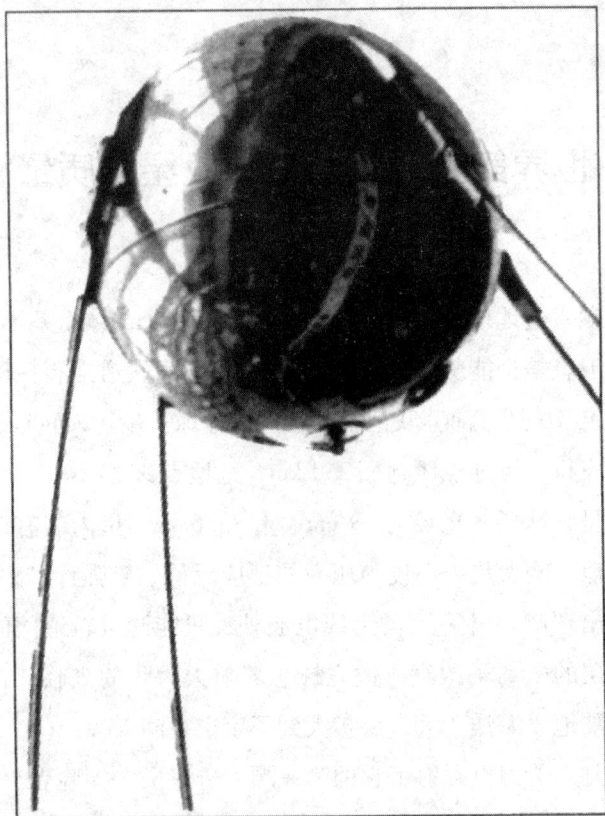

世界第一颗人造地球卫星

卫星直径约 1 m，重 173 kg，沿近地点 439 km、远地点 2 384 km 的椭圆轨道绕地球运行。

在目前人类已发射的数千颗人造卫星中，90% 以上是直接为国民经济和军事服务服的卫星，称为应用卫星。此外，还有科学和技术试验卫星。应用卫星按其用途可分为空间物理探测卫星、通信卫星、天文卫星、气象卫星、地球资源卫星、侦察卫星、导航卫星、测地卫星等。

人造卫星一般由专用系统和保障系统组成。专用系统是指与卫星所执行的任务直接有关的系统，也称为有效载荷。应用卫星的专用系统包括通信转发器、遥感器、导航设备等，科学试验卫星的专用系统则还包括各种空间物理探测、天文探测等仪器。技术试验卫星的专用系统则是各种新原理、新技术、新方案、新仪器设备和新材料的试验设备。保障系统是指保障卫星和专用系统在空间正常工作的系统，主要有结构系统、电源系统、热控制系统、姿态控制和轨道控制系统、无线电测控系统等。对于返回式卫星，则还有返回着陆系统。

人造卫星的运动轨道的确定取决于卫星的任务要求，分为低轨道、中高轨道、地球同步轨道、地球静止轨道、太阳同步轨道、大椭圆轨道和极轨道。人造卫星绕地球飞行的速度快，低轨道和中高轨道卫星一天可绕地球飞行几圈到十几圈，不受领土、领空和地理条件限制，视野广阔。能迅速与地面进行信息交换、包括地面信息的转发，也可获取地球的大量遥感信息，一张地球资源卫星图片所遥感的面积可达几万平方千米。

美国"神剑"155毫米GPS制导炮弹的质量

你知道吗？炮弹也能像导弹那样，通过全球卫星定位系统（GPS）来制导，指哪打哪。

在20世纪90年代"沙漠风暴"作战中，美国全部采用"战斧"巡航导弹实施对伊拉克海岸防御工事的袭击。战后经过盘点，打击效果虽然不错，但是代价太高。军事家们认为，用上百万美元一枚的"战斧"对付岸上火力点、堑壕等设施，有些不划算，因为对这么小的目标根本无需使用导弹，不如利用海上战舰的火炮进行远距离炮轰更合适。巡航导弹只有在打击距离很远、具有战略意义的目标时才能充分发挥其特长。

但火炮也有自身弱点，就是准确度太差。特别是在上百千米外的远程打击时，落点误差一般在百米范围，只能采取密集射击进行火力覆盖。为了一个火力点常常需要上百发炮弹，加起来成本也不低。为了提高炮击精度，只有让军舰靠近目标，缩短火炮的射程，但这会使自身受到敌方海岸防御炮火的极大威胁。

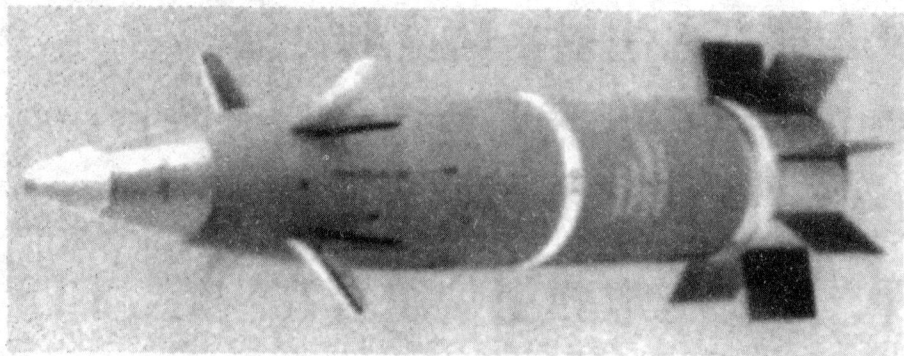

出炮膛后展开弹翼的GPS制导炮弹

美军火炮发射 GPS 制导炮弹

　　既要保持在安全的作战距离上，又要做到远距离的精确射击，最好的办法就是发展精确制导炮弹，只需一发就可摧毁敌方目标。为此，美军专门制定了一个利用全球卫星定位系统来提高火炮射击精度的计划。

　　在炮弹上采用 GPS 制导技术有两大难点，一是必须经得起火炮发射时的强大冲击力和高转速，二是必须使用微型制导器件，才能与炮弹引信组合在一起。GPS 制导炮弹从发射到落地爆炸，整个飞行过程不过几十秒钟，在这么短的时间内，并且是在高速运动的情况下，炮弹内的 GPS 制导系统必须及时锁定卫星信号，接受精确方位数据，在瞬间算出自己的方位，再根据飞行轨迹计算出预计弹着点，然后电脑微处理器控制弹翼不断修正弹道，以保证炮弹准确落向目标。

目前，美国、英国、法国、意大利、瑞典和以色列等国都在研制制导炮弹。其中，美国雷声导弹系统公司和瑞典博福斯防务公司合作研制的"神剑" 155 mmGPS 制导炮弹，质量 48 kg，采用弹底排气和火箭助推复合增程技术，炮弹一出炮口后即打开 4 个折叠稳定尾翼，飞至弹道最高点后，再打开头部的 4 个折叠鸭式弹翼来控制炮弹的俯仰和偏航，最大射程为 100 km，落点偏差不超过 3.35 m。

为配合这种新型 GPS 制导炮弹，火炮也要安装运行数字化系统，提供与 GPS 制导炮弹的电子接口，在炮弹发射前要向弹内接收机输入系统的位置信息和目标坐标，以及所有可观察 GPS 卫星的星历、初始位置和时间、风速的修正、炮兵射击目标的标尺、高低、方向等数据，并与先进野战炮兵战术数据系统和炮兵火力控制系统进行数字化集成。美国已决定为陆军和海军陆战队装备这种 GPS 制导炮弹，为部队提供高机动和精确的火力。

克隆羊多莉所产羊羔质量

　　克隆羊多莉已于1998年4月当上了妈妈。1998年4月13日的凌晨多莉自然分娩顺利产下一只母羊羔，这只取名为"邦尼"的小羊质量（体重）2.7 kg。当时，多莉母女俩"状况良好"。罗斯林研究所所长布尔菲尔德教授在一份书面声明中表示，他对多莉的生产感到高兴。尽管多莉身份非同寻常，但小羊羔的出世证明多莉完全能够正常怀胎并生下健康的后代。

　　多莉的生育成功，对克隆技术的商业化具有非常重要的意义。因为，当

克隆羊多莉和它生下的小羊

利用细胞核移植技术培育出少量转基因动物之后，不必再利用克隆的方法，完全可以通过像多莉这样正常怀孕生子获得更多性能改良的下一代。邦尼的父亲戴维是一只普通威尔士公山羊，多莉怀孕的时间为 1997 年年底。在邦尼出生之后，研究人员对母女俩的情况进行了一段时间的观察，以确保它们安然无恙。为了让邦尼和多莉能有时间不受外界干扰地在一起联络感情，科学家推迟了 10 天左右才正式发布多莉当妈妈的消息。

有人说，维尔穆特博士是多莉的"爸爸"。1997 年，52 岁的威尔穆特先生的事业取得了莫大的成功，他和几位科学家一起培育成功了世界上第一头克隆羊多莉。为了确保这项成果被世人认可，他们申请了专利。等到多莉顺利诞生之后的几个月，他们才向世人宣布了这一震惊世界的消息。

绵羊多莉曾给世界带来了巨大的震荡和喜悦，烦恼和冲击，世界上大约有 25 亿人知道它的名字。多莉小时候，看上去和其他的小绵羊没有什么区别。它长有一身弯曲的细长羊毛，粉嫩嫩的鼻子，右耳系着一个红色的小身份牌，顽皮的模样和其他小绵羊一般可爱。1997 年 5 月 20 日，罗斯林研究所首次为多利绵羊剪下了羊毛。

1999 年，多莉一家又迎来了 3 个可爱的羊宝宝。那时，已经是 4 个孩子母亲的多莉显得富态而慈祥。幸福生活刚刚开始，糟糕的消息便传来：罗斯林研究所的科学家 1999 年宣布，多莉体内细胞开始显露老年动物所特有的征候。论自然年龄，多莉当时刚刚三四岁，尚在"而立之年"。

作为克隆技术及其应用的象征，多莉带来争论，也留下谜团。其中，最大的一个谜就是：克隆动物是否早衰？经兽医诊断，多莉患有严重的进行性肺病。所谓"进行性"疾病是指病情不断发展恶化，生命危在旦夕。鉴于这种情况，研究所决定为多莉实施"安乐死"。他们实在不忍眼睁睁地看着多莉郁郁而终，希望这只曾经享受过生命的快乐，并且为全世界带来过无数惊喜的可爱的小绵羊，平静安详地离去。一般情况下，绵羊的寿命可以长达 12 年，但是克隆羊多莉只活到了普通羊的一半。因为克隆动物来源于成体动物的体细胞，理论上，它一出生就已经拥有了与它所来源的动物相同的年龄。

人类大脑的质量

人力大不如牛、奔跑不如鹿，既不能像鱼儿在水中畅游，也不能像鸟儿在天空翱翔，人类正是因为拥有无比发达的大脑，才成为了地球上万物的主宰者。人脑为何具有如此巨大的功能？它还有多少潜力？如何才能最大限度地挖掘和发挥人脑的潜能？从古至今，许多思想家、生物学家和心理学家不断地探索着大脑之谜。

"人是万物之灵"，人类具有任何动物无法比拟的高超智能。人类之所以如此，是因为人有一个发达的脑。脑是人类智能的最主要的器官。人脑由大脑、小脑、间脑、中脑、脑桥和延脑组成。人脑包含一百几十亿个神经元细胞和大量的胶质细胞，人的智能活动主要是通过大脑来完成的，大脑是人的智能活动的物质基础。

大脑由大体相等的两个半球组成，其形状好似两个合起来的拳头。两个半球被一条大纵裂所分开。此外还有一条中央裂从外侧横切每个半球，它始于纵裂中部，经大脑隆起并向下延伸到脑边。每个大脑半球中央裂和纵裂前的部位叫额叶，头颅枕骨下脑球的后部称为枕叶。在它们之间还有顶叶和颞叶。大脑的两个半球由卷曲的大脑皮层所覆盖。大脑皮层上有些部分呈回旋状，被称为脑回。

人的平均脑量有 1 400 g，刚出生的婴儿脑量约 390 g，相当成人的 30%。当爱因斯坦死后，科学家对他的大脑作过切片观察，发现其大脑神经胶质细胞轴突或神经鞘众多，比普通人多出 73%。人脑细胞不能再

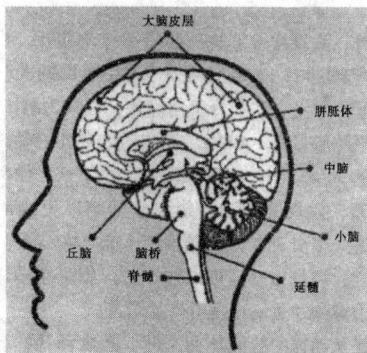

人类脑结构

生，20 岁以后开始大量死亡；可是突触是可以再生的，但只能靠学习，靠积极的脑力锻炼才可能出现再生的奇迹。

人脑是从动物的脑演化而来的。随着动物的进化，其行为越来越依赖于脑的皮层，脑皮层最高级器官的机能组织随着进化又变得越来越分化。灵长目动物猿猴的脑皮层特别发达，大脑皮层及其明显的分层次组织成为脑的主要特征，于是猿猴开始出现"思维的萌芽"。人从类人猿进化而来。由于劳动和语言交往，使脑在质和量上都有很大的发展。以脑量而论，距今 300 万年左右的前期猿人平均脑量仅 600～700 g，而 100 万年前的后期猿人的脑量则达到 800～1 000 g，待到二三十万年前的智人，脑量便增至 1 400 g 左右，而与现代人的脑量相当。神经生物学的研究也证明，人类的大脑皮层与额叶，确实因劳动和语言才得到如此的发展。现在人的大脑皮层布满了皱褶，如果把它剥离下来展平，它的面积大约相当于 4 张 A4 打印纸那么大。相比来说，黑猩猩的大脑皮层只有一张 A4 纸那么大，猴子的大脑皮层只有一张明信片那么大。

国际质量单位

古代人们在生产和生活时不可避免地会涉及有关物体质量的计量这一问题，由此产生了多种质量计量单位。例如中国商周时期的质量单位为"锊"和"钧"，一直沿用到战国时期。后来又流行"斤"和"镒"，此外还有"两"、"铢"等质量单位。秦始皇最早统一了各地的度量衡制度，规定1石等于4钧，1钧等于30斤，1斤等于16两。当时的1斤约合现在的0.256千克。

古埃及人用"格德特"作为质量单位，波斯人用"卡拉萨"、亚述人用"锡克尔"和"米纳"，后来被腓尼基人和希伯来人沿用，此后又传到希腊、罗马乃至南欧一些国家。英国人则习惯以磅、盎司、打兰、格令作为质量单位。

国际千克原器

西方各国在进入工业革命时代以后，深感统一质量计量标准的重要性。1799 年，法国科学院提议，根据当时采用的长度单位米推导出千克质量单位，定义为 1 dm³ 的纯水在 4℃时（此时水的密度最大）的质量为千克（1 kg）1 kg 的千分之一为 1 g，1 g 的千分之一为 1 mg。不久，在制作铂质米原器的同时，也制成了铂质千克基准原器砝码，保存在巴黎档案局里。

科学家发现，这个基准原器并不准确。1875 年，法、德、美、俄等 17 个国家的代表在巴黎签订国际米制公约并成立国际计量局，用铂铱合金精心制成 3 个新的圆柱形千克原器砝码，直径和高度均为 3.9 cm，选定其中一个作为"国际千克原器"，保存在国际计量局的地下室，保持恒温，并用数层玻璃罩好，最外一层玻璃罩抽成半真空，以防空气和杂质与铂铱合金发生化学反应，影响千克原器的精度。随后又复制了 40 个千克原器的代用品，分发给各会员国作为国家基准。差不多每隔 10 年，都要对千克原器进行常规检定，以确保质量基准的可靠性。与此同时，英国仍坚持英尺和磅等作为度量衡标准单位，也用纯铂制成"磅原器"，保存在伦敦国家档案局里。

1971 年，第 14 届国际计量大会决定采用米、千克、秒、安培、开尔文、摩尔和坎德拉作为国际公认的长度、质量、时间、电学、热学、化学和光学标准计量单位，也称基本单位。其他物理量的计量单位则可以通过它们与基本单位的关系来确定，被称为导出单位，例如力的单位牛顿和能量单位焦耳等。

2007 年，科学家对保存在国际计量局的国际千克原器进行精确测量时，发现千克原器的质量正在逐渐减少，迄今已损失了 12μg（微克）。虽然数量不大，但科学家认为这会对精密物理测量产生重大影响。因此有部分科学家们建议，不再使用人造量具来定义千克，而是把克定义为精确的 1 摩尔碳 12 质量的 1/12，即 18 × 14 074 481 个碳 12 原子的质量。

每个人每昼夜呼出二氧化碳的量

人离开了呼吸，就会窒息死亡。人吸气主要是为了得到空气中的氧，呼气是为了排除体内的二氧化碳。你知道自己一天要排除多少二氧化碳吗？

二氧化碳是绿色植物光合作用不可缺少的原料。地球大气中含有约0.03％的二氧化碳，但由于人类活动（如燃煤、汽车燃油）的影响，近年空气中二氧化碳含量猛增，导致温室效应，造成全球气候变暖。

地球上有过很长一段时期没有二氧化碳，当时地球上也没有生命；后来，大气里的一氧化碳与水蒸气在高温高压的条件下发生了化学变化，诞生了二氧化碳，但是这时二氧化碳又太多了，地球上还是没有生命。

但是事情并不是一成不变的，地球上的大气中的二氧化碳终于逐渐减少了，生命在地球上出现了。那么，先前过多的二氧化碳跑到哪里去了呢？大部分是溶在水中和钙、镁等元素化合以后，沉淀下来，变成了岩石，石灰岩就是其中主要的一种，这个时期所造成的石灰岩常达几千米厚。

到今天，地球上的碳有百分之九十几被固定在岩石里，只有不到万分之五的碳和氧化合成二氧化碳存在于大气中。在干燥空气中，按体积计算二氧化碳的含量约占万分之三。

在二氧化碳含量降低以后，在其他条件合适的情况下，生命诞生了。二氧化碳是生命赖以维持生存的基本食粮之一，大量的植物天天在"吃"二氧化碳，虽然有一部分植物在死亡腐败后让二氧化碳回到空中去了，但也有相当一部分植物变成泥炭、煤炭等藏到地下去，于是大气中的二氧化碳减少得更快了。

二氧化碳过少对生命也不利。首先，植物的"粮食"不足了，据科学实验，如果使空气或土壤中二氧化碳的含量增加，就能得到更好的收成。而在二氧化碳减少以后，空气吸热的能力便要减少一些，植物巨量繁殖曾经使地球上气候变冷，其原因就在这里。假使没有这些温室气体，地球的平均温度将从现在的15℃下降到零下100℃，人类不断燃烧各种燃料，使空气中二氧化碳增加，并不都是产生坏的影响。

人本身也同其他动物一样制造二氧化碳，每个人每昼夜大约要呼出0.9 kg二氧化碳；同时，地球上的二氧化碳也在不断消耗，植物通过光合作用在大量吸收它。

因此，地球大气中上的二氧化碳的含量经常在变化，它的含量的多少，决定了它是人类麻烦的制造者还是人类的朋友。那么，现在二氧化碳究竟是在增多还是在减少呢？

一般认为，在工业革命兴起以前，大气中的二氧化碳的"收支"大体上是平衡的，而在工业发展以后，由于化石燃料的大量使用，大气中二氧化碳的含量大大增加了。20世纪初观测人类的燃烧则每年大约要提供50吨二氧化碳，1750～1990年的240年间，地球大气圈中的二氧化碳含量增加了30%，目前还在继续增长。

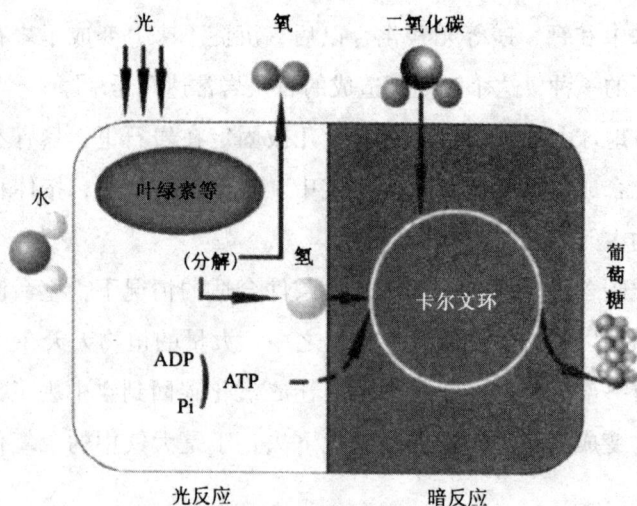

光 氧 二氧化碳

水 叶绿素等

（分解） 氢 卡尔文环 葡萄糖

ADP ATP
Pi

光反应 暗反应

光合作用原理示意图

"微蝙蝠" 电动扑翼飞行器的质量

你见过像蝙蝠那么大的"飞机"吗？

它的正式名称叫做"微型飞行器"，是 20 世纪 90 年代源于军事目的而发展起来的一种新型遥控飞行器。与常规无人驾驶飞机相比，微型飞行器具有体积小、重量轻、成本低的优势，而且操纵方便，机动灵活，噪音小，隐蔽性好，无论是在军事还是民用领域，都具有十分广阔的应用前景。

在军事上，微型飞行器可用于敌情侦察、目标追踪、生化取样、部署传

日本的爱普生公司研制的世界最小的无人驾驶直升机

美国加州理工学院研制的"微蝙蝠"电动扑翼飞行器

感器等。它可以从 50 m 甚至更近的距离对目标实施侦察监视，尤其是对卫星和军用侦察机触及不到的盲区或人员无法涉足的地区进行侦察，能够在城市建筑物群中以缓慢的速度飞行，可飞抵甚至停留在建筑物内，探测和查找敌方人员或恐怖分子，同时实时传送侦察到的信息。如果携带高效能炸药，还可用于对地攻击，炸死恐怖分子，破坏敌方雷达系统和通信中枢等。

在民用方面，微型飞行器可用于环境监测、灾情调查、道路交通监控、边境巡逻、毒品禁运、搜救、农业勘察、城区监视和航空摄影等。

微型飞行器不是普通飞机或直升机的简单缩小，其气动力、结构设计、动力配置、飞行动力学和导航控制技术等皆有不同于常规飞行器的特点。由于它的尺寸很小，气动效率很低，通常采用仿生学方法，借鉴鸟类和飞虫的外形和飞行方式。

微型飞行器采用的能源动力装置主要是微型电动机或内燃机，此外，科学家们还在研究电致伸缩人造肌肉、弹性动力、热电动力和太阳能等新技术。另外，微型飞行器还必须配备高度自动化的飞行控制系统，以及基于 GPS 和地形匹配等综合性自主导航系统。另外，还需要搭载各种侦察传感器，如微型摄像机、声音探测器、红外探测器、生化探测器，以及实时传输图像或其他情报的微型通信系统。

目前，美、德、日、俄等国家都在竞相研制开发微型飞行器。其中，日本的爱普生公司研制的一种据称世界最小的旋翼式飞行器，高 8.5 cm、质量 12.3 g，以超声波马达为动力，装有两列微型桨叶，飞行时可向各个方向旋转，采用质心位移控制技术，能够垂直起降和长时间悬停。

美国加州理工学院研制的"微蝙蝠"是一种仿生型电动扑翼飞行器，质量 11.5 g，最大翼展 20.32 cm，将举升、悬停和推进功能集成于一体，可以用很小的能量进行长距离飞行。机体骨架和机翼采用新型超强复合材料，模仿蝙蝠的翅膀动作，以锂电池为动力，通过传动机构将微电机的转动转变为机翼的扑动。该飞行器可携带一台微型摄像机或音响传感器，具有接收遥控指令和实时传输信息的功能。

世界上最小鸟的质量

猜猜看世界上最小的鸟有多重？只有 2 g。2 g 是多少？告诉你，只有成人拇指指甲那么大的一小小勺盐那么重。不相信？但这的确是事实。这种鸟就是蜂鸟。

蜂鸟有 600 多种不同的种类。小小一只蜂鸟可有很多之最呢！例如，它是世界上每秒钟振动翅膀次数最多的鸟。正因为它的翅膀振速最快，所以它也是世界上唯一能够朝后飞的鸟。蜂鸟爱吃花粉，花蜜。它可以像一架直升机那样停在半空中享受花粉的美味。

各种蜂鸟分布在新大陆最炎热的地区，主要在南美洲，它们数量众多，但仿佛只活跃在两条回归线之间，有些在夏天把活动范围扩展到温带，但也只作短暂的逗留。

各种蜂鸟

最小的蜂鸟体积比虹还小，质量只有 2 g，粗细不及熊蜂，卵质量 0.2 g，和豌豆粒差不多。它的喙是一根细针，舌头是一根纤细的线；眼睛像两个闪光的黑点；翅上的羽毛非常轻薄，好像是透明的；双足又短又小，不易为人察觉；它极少用足，停下来只是为了过夜；飞翔起来持续不断，而且速度很快，发出嗡嗡的响声。它双翅的拍击非常迅捷，所以它在空中停留时不仅形状不变，而且看上去毫无动作，像直升机一样悬停。只见它在一朵花前一动不动地停留片刻，然后箭一般朝另一朵花飞去。它用细长的舌头探进花蕊，吮吸花蜜，而且仿佛这是它舌头的唯一用途。蜂鸟的飞行本领高超，时速一般可达 90 km，如果是俯冲的话，时速可以达到 100 km，也被人们称为"神鸟"、"彗星"、"森林女神"和"花冠"。

现在的蜂鸟大多生活在中南美洲，在南美洲曾发现 100 万年前的蜂鸟的化石，因此科学家认为蜂鸟是源自更新世。然而在德国南部科学家却发现了目前世界上最古老的蜂鸟化石，距今已有 3 000 多万年的历史，由此可知，蜂鸟的祖先远在渐新世的时候就已经出现。

尽管蜂鸟的大脑最多只有一粒米大小，但它们的记忆能力却相当惊人。来自英国和加拿大的科研人员最近发现，蜂鸟不但能记住自己刚刚吃过的食物种类，甚至还能记住自己大约在什么时候吃的东西，因此可以轻松地选择出那些还没有被自己"品尝"的东西。

蜂鸟是由雌鸟单独筑巢，它们的巢是杯状的织物，通常悬挂在树枝上、洞穴里、岩石表面或大型的树叶上。蜂鸟一次产两个非常小的白色的卵，不过与鸟的身材比起来，那卵还是比较大的了。卵的孵化期通常为 15 ~ 19 天。

由于蜂鸟的羽毛十分华丽，在 19 世纪的时候，欧美妇女常用蜂鸟的羽毛做帽饰，还有商人收购蜂鸟皮，对蜂鸟的生存造成很大威胁。在现代社会中，随着森林的砍伐、耕作的发展，蜂鸟赖以生存的栖息地逐渐被破坏，有的蜂鸟已面临灭绝的危险。

智能电子商品标签的质量

当你到超市购物，挑选了大包小包的商品后走到出口处，望着收款台前忙碌得满头大汗的收银小姐，以及那些和你一样排着长队、不耐烦地等待结账付款的人们，一定在不住地抱怨。不过，这种状况很快就会改变了，解决方案就是智能商品标签。

这种智能商品标签可以让你直接走出超市大门而无需排队等候结账，商店出口处的一台电子读取器会自动与购物车中每件商品附带的无线智能标签交互，并把你的购买情况记录到一台联网的计算机中。过一段时间，你在家

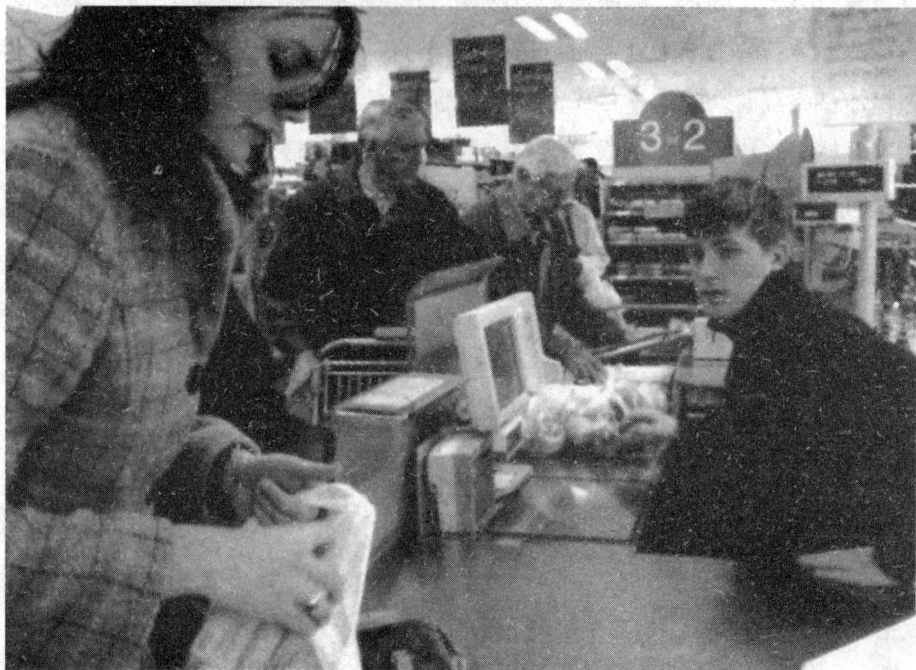

智能商品标签能够解决超市收款台前的排队现象

中就会收到购物账单，也许还是用电子邮件发送的。

说起智能标签，不能不提到现在超市中所使用的电子标签，它附在每件商品包装袋上，只有在付款后经收银员消磁，才能顺利通过超市门口的防盗检测设备，否则就会导致警铃大作，让你特没面子。

这种电子标签内部有一个用高导磁合金制作的电磁感应器，商场在出口处设有一个检测通道，安装的信号发射器以特定的频率发送电磁波。如果电子标签没有经过消磁，电磁感应器就会产生交变电磁脉冲，检测通道的信号接收器发现后就会报警。利用这种方式可以有效防止商品被盗，还大大节省了顾客结账的时间，增加了商场的效益。

不过，有些狡猾的窃贼已经学会了对付普通电子标签的办法。为了解决这一问题，德国英飞凌半导体公司的工程师最近发明了智能商品标签。它采用无线射频识别原理，标签中镶嵌了一个微型集成电路芯片，重量仅有 2 g，上面存储着和商品有关的数据，包括生产厂商、生产日期、价格和成分等。

由于这种智能标签制造成本低廉，一些科学家预测，在不久的将来，所有商品在出厂时都会贴上这种标签，使每样东西都有一个自己的身份标记。智能标签发出的射频信号会主动告诉商店的电脑，哪些东西该进货了，哪些已经过了保质期。顾客购物时可以随身携带一个类似钢笔模样的电子读取器，当你想买食品时，智能标签能够自动告诉你哪些蔬菜水果最新鲜，营养成分是多少，产地在哪里，价格是多少。

当你推着购物车经过超市收银台时，智能标签会自动告诉收银小姐购物车内每件商品所需付的款额。当你将购买的食品带回家后，智能标签会通过家中的电脑自动为你设计菜谱，告诉你烹饪方法和所需的配料。当你拿起药瓶时，智能标签还会及时警告你应该服用的剂量和次数。

最小蜘蛛的质量

蜘蛛，蜂形纲，蜘蛛目。体分头胸部和腹部，两者之间有腹柄。

蜘蛛的种类数目繁多，全世界已知的蜘蛛种类就有 4 万种。它们有的外貌奇丑、有的步履蹒跚、有的能走善跳，可谓千奇百怪。这些蜘蛛大致可分为游猎蜘蛛、结网蜘蛛及洞穴蜘蛛 3 种。第一类会四处觅食，第二类则结网后守株待兔。而人们作为宠物饲养的大多是第三类：洞穴蜘蛛。它们喜欢躲在沙堆或洞里，在洞口结网，网本身没有黏性，纯粹用来感应猎物大小，以利捕食。

结网蜘蛛如园蛛，用蛛网来捕获昆虫。蛛丝有黏性，当昆虫粘在网上挣

蜘蛛

扎时，园蛛就立刻从隐蔽处爬到蛛网上，用螯肢刺破昆虫的身体，将毒液注入昆虫体内，使它麻痹，然后再分泌消化液，将昆虫体内的组织溶解，成为蜘蛛能够吸食的液体食物。蜘蛛捕食的昆虫大多是害虫，所以，大多数蜘蛛是对人有益的动物。我国已经发现的蜘蛛大约有1 000多种。

但是不同种类的蜘蛛个体大小相差悬殊，大的很大，小的甚小。雌雄蜘蛛的形体相差也很大。大多数雄蛛都比雌体小，有些种类雌体超过雄体1 000~1 500倍，所以蜘蛛交配时，如同螳螂那样，雄蛛常有被雌蛛吃掉的危险，因此雄蛛在与雌蛛交配前，必须小心翼翼地事先试探雌蛛是否允诺。

世界上最大的蜘蛛是南美的"食鸟"蜘蛛。它在树林中织网，以网来捕捉自投罗网的鸟类为食。这种"食鸟"蜘蛛据说在上海市郊区曾发现过。所有的蜘蛛都有毒，只是毒性强弱不同。通常市场上的宠物毛蜘蛛毒性比较弱，只要不受到故意挑逗不会主动攻击人，即使被咬了也不会有生命危险。它的适应能力很强，不需要精心照顾。毛蜘蛛是容易饲养的宠物。

世界上最小的蜘蛛是展蜘蛛，曾在西萨摩尔群岛采到一只成年雄性展蜘蛛，体长只有0.43 mm，质量0.2 g，还没有印刷体文字中的句号那么大。

织网是蜘蛛的本能，不用训练与学习，从出生之日始即能自行织网，这也是蜘蛛家族的遗传习性。不论幼蛛成蛛，织网技巧不分上下。不同种类蜘蛛网大小、形状及网眼疏密均有很大差异，并且每个蜘蛛的网犹如人的指纹一样也绝不相同，所以蜘蛛网能直接反映蜘蛛的生活习性。圆网蛛的网很大，形同车轮；树林间棚蛛的网如棚；球腹蛛的网似笼；水蜘蛛的网像钟；草蜘蛛的网则像一架吊床。有的蜘蛛还能织成套索状的网，在空中嗖嗖抖动。有的蜘蛛能织出一片密网，安装在草秆上，在微风中展开，像船上的风帆。南美洲有一种蜘蛛，它的网很小，只有邮票那么大。这种蜘蛛没有守候的耐性，总是用前面的四条腿扯着网，见有合适的过客，随时将网蒙过去。危地马拉有一种蜘蛛，总是几十只集在一起织一张硕大的网，网的色彩和图案都很美丽，当地居民用这种网作窗帘。

世界最轻原木每立方厘米的质量

世界上最重的木材是铁力木，每立方米质量达 1 122 kg，那么，最轻的木材又是什么？是一种叫巴沙木的轻木，是生长最快的树木之一，也是世界上最轻的木材。

轻木，原产热带美洲和西印度群岛，这种树四季常青，树干高大。叶子形状像梧桐，五片黄白色的花瓣像芙蓉花，果实裂开像棉花。轻木的树叶形状很像葡萄叶，只是要大得多了。当它还是株幼树时，叶子的宽度可以有 1.2 m 那么宽。随着树逐渐长大，叶子一点儿一点儿变小。最后叶宽变为 20～25 cm。在热带丛林中，像轻木这样叶子形状如此简单的树并不多。因此，在丛林中轻木十分显眼。

轻木的木材，每立方厘米只有 0.1 g，是同体积水的质量的十分之一。我们做火柴棒用的白杨还要比它重三倍半。一个正常的成年人可以抬起约等于自身体积 8 倍的轻木，10 m 长的树干一人就可抬走。轻木不易变形，加工容易，导热系数较低，是极好的绝缘、隔音和制作浮标、救生衣、塑料贴面垫底的材料。它的木材质地虽轻，可是结构却很牢固，因此，也是航空、航海以及其他特种工艺的宝贵材料。保温瓶的瓶塞也是轻木做成的。当地的居民早就用它做木筏，往来于岛屿之间。

轻木不仅木材特别轻，木质细白，虫不吃，蚁不蛀，而且生长迅速，树干又高又

轻木树

直，分枝少，叶片大而圆。在热带雨林里，它宛若着紧身短衣筒裙、系银腰带、撑着绿纸伞的傣族少女，窈窕美丽。

我国台湾南部早有引种，而大陆地区则于 1962 年引种于西双版纳。目前，云南、广东、福建、海南、台湾等省区均有种植。其中，西双版纳至少有 1 万亩轻木林场。如果到西双版纳旅游的话，别忘了到中国科学院西双版纳热带植物园去参观一下，那里就有轻木种植。另外，如果去海南岛旅游的话，在尖峰岭国家森林公园也能看到轻木树。轻木是当地经济价值较高的树种之一。

只有在显微镜下我们才能了解到为什么轻木会这么轻。轻木的细胞很大，细胞壁很薄。因此木质中固体体积与整个空间体积的比例就非常小。绝大多数树的树干中都有一种像塑料一样的胶状物，称为木质素，用来把各个细胞粘结在一起。轻木的树干中，这种木质素的含量极低。轻木中的固体物质只占总体积的 40%。轻木之所以能挺立在丛林中，是因为每个细胞内都充满了水，就像汽车轮胎充满了气一样。轻木树干中的水分通常是木质成分的 5 倍。

成人每天碘摄入量

　　谁不希望自己有个健康的身体，谁不希望能精神饱满地工作。然而要知道，人体的健康与微量元素还有着密切的关系呢！人体中目前已经发现有60多种微量元素，其质量的总和仅占人体质量的0.05％，此量虽然微小，但它在人体细胞内的新陈代谢过程中起着十分重要的作用，一些微量元素在人体中成为某些酶、激素和维生素等的活性中心组成部分，部分微量元素还与癌症、心血管病、瘫痪、生育等息息相关。缺乏必需的微量元素，将会引起生理功能及组织结构异常，从而发生各种病变及疾病，使人体健康状况下降或寿命缩短。这些微量元素对于人体健康乃至生命现象的重大作用，人们还知之甚少。碘、铁、铜、锌、锰、钴、钼、锡、铬、镍、硒、硅、氟、钒等14种元素是机体生命活动中必不可少的，被称之为必需微量元素。以上诸元素在体内既不能产生，也不能合成，必须由外界来提供。

　　碘是人体必需微量元素之一。碘是法国化学家库特瓦1813年从海藻中发现的。碘的单质是呈紫黑色、光泽的固体，被加热后为有刺激性的紫色蒸汽。在自然界中以能溶于水的碘化物形式存在。碘除在海水中含量较高以外，在大部分土壤、岩石、水中的含量都很低微。

　　现在，我们很多人食用的都是加碘盐，因为科学家告诉我们，缺碘对人最大的危害是影响智力发育，致人智力低下。严重的碘缺乏会导致"大脖子病"。

　　"大脖子病"在医学上叫地方性甲状腺肿，甲状腺肿大可引起吞咽困难、气

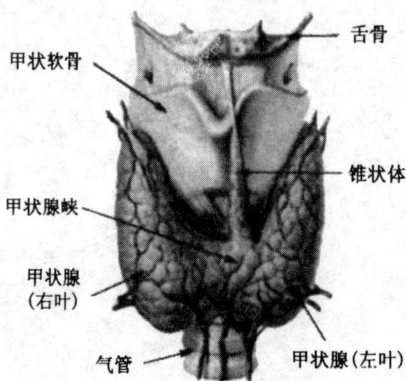

舌骨
甲状软骨
锥状体
甲状腺峡
甲状腺（右叶）
气管
甲状腺（左叶）

甲状腺位置图

促、声音嘶哑、精神不振，不能参加重体力劳动或者从事剧烈运动。

孕妇缺碘不仅影响自身健康，造成呆傻等残疾，也影响婴儿的发育，容易造成死胎、自然流产和早产等。

人体内含碘 30 mg（25~50 mg），甲状腺内含碘最多（8~15 mg），一般男性高于女性。此外，肾、肝、唾液腺、胃腺、乳腺、松果体、肌肉、脑、淋巴结、卵巢均含有碘。

人体碘的来源有 80%~90% 来自食物，10%~20% 来自饮水，5% 左右来自空气。食物中的碘化物在消化道内几乎完全被吸收，但胃肠内容物中有钙、氟、镁存在时有碍碘的吸收，蛋白质的热量不足时胃肠内的碘吸收不良。医学上通过测试人体尿液中的碘含量来诊断人体中碘元素是否正常。合适的尿碘值是 $100~200 \mu g/L$，如果低于 $100 \mu g/L$ 就是碘缺乏。

碘缺乏症曾一度在中国农村山区非常普遍。20 世纪 70 年代，黑龙江省桦川县有个傻子屯，近 300 人的村庄里有 70 多个傻子，有的人傻到连 10 以内的加减法都不会做，生活也不能自理。"一代大、二代傻、三代四代断根芽"，就是描述的缺碘造成的大脖子病后果的民谣。为了防止碘缺乏症，1995 年起中国在全国范围内推行食盐加碘。

当然，碘过量也会致病，导致甲状腺功能减退症、自身免疫甲状腺病和乳头状甲状腺癌的发病率显著增加，如果尿碘大于 $300 \mu g/L$ 就是碘过量。

科学家建议道，成人每天碘摄入量为 $150 \mu g$ 左右，以便把尿碘控制在 $100~200 \mu g/L$ 之间。

新生儿每针乙肝疫苗的免疫剂量

每个人都害怕得病。为了防止得病，我们从一生下来就开始接种各种各样的疫苗，也就是将疫苗等生物制品接种到人体，使人体产生抗感染的有益的免疫反应，达到预防疾病的目的。

看看你的一生打过多少疫苗：用于预防结核病的卡介苗，脊髓灰质炎疫苗，麻疹疫苗，风疹疫苗，百日咳、白喉和破伤风疫苗，腮腺炎疫苗，水痘疫苗，狂犬病疫苗，乙脑疫苗，流感疫苗，流脑疫苗，等等。

肝是人体内最大的消化腺，主要功能是进行糖的分解、贮存糖原，参与蛋白质、脂肪、维生素、激素的代谢，解毒，分泌胆汁等。如果肝脏出来问

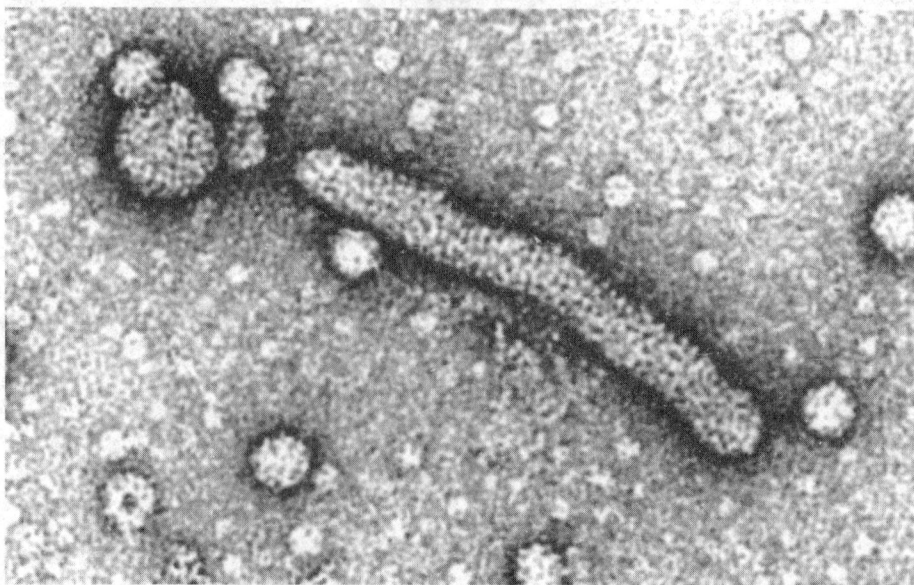

电子显微镜下可以观察到乙肝病毒3种不同的形态：大球形颗粒，小球形颗粒和管形颗粒

题，特别是遭遇肝炎病毒的侵袭，人体机能就会大大受损。

目前发现的肝炎病毒有 5 种，包括甲型肝炎病毒（HAV）、乙型肝炎病毒（HBV）、丙型肝炎病毒（HCV）、丁型肝炎病毒（HDV）和戊型肝炎病毒（HEV）。根据 1996 年全国第二次肝炎普查：甲型肝炎的感染率为 80.9%，乙型肝炎的感染率为 57.6%，丙型肝炎感染率为 3.2%，丁型肝炎的感染率为 1.15%，戊型肝炎感染率为 18.1%。乙型肝炎病毒在已知的各型病毒性肝炎中危害最严重，在急性病毒性肝炎中，乙肝占 25% 左右；在慢性肝炎中，乙肝占 80%～90%。为了防止肝炎，我们需要接种肝炎疫苗，特别是甲肝疫苗、乙肝疫苗。

根据国家 2005 年版《药典》的规定，重组乙型肝炎疫苗（酵母）用法用量为：基础免疫程序为 3 针，分别在第 0 个月、第 1 个月、第 6 个月接种，新生儿第 1 针在出生后 24 小时内注射，16 岁以下人群每 1 次剂量为 5 mg，16 岁或 16 岁以上人群每 1 次剂量为 10μg；重组乙型肝炎疫苗（CHO 细胞）用法用量为：基础免疫程序为 3 针，分别在第 0 个月、第 1 个月、第 6 个月接种，新生儿第 1 针在出生后 24 小时内注射，一般易感者使用 10μg/瓶，母婴阻断的新生儿使用 20μg/瓶。《药典》中的标准是包括疫苗在内药品应严格执行的法规，一般情况不得违背。

为了更有效防治乙肝，北京对新生儿童免费接种乙肝疫苗的剂量从 5 μg 提高到 10μg，提高了整整一倍。

对违禁药物进行尿检的精度

在 2000 年的悉尼奥运会上，美国前女子短跑巨星马里昂·琼斯获得了女子 100 m、200 m、4×400 m 接力 3 枚金牌和女子跳远、4×100 m 2 枚铜牌。2007 年 10 月 5 日，琼斯在法庭承认自己当年在参加奥运会前，服用了类固醇类兴奋剂。10 月 12 日，国际奥委会宣布，取消琼斯在悉尼奥运会和雅典奥运会上取得的所有成绩，并收回她在悉尼奥运会上所获得的 5 枚奖牌。一代最耀眼的巨星在与兴奋剂调查抗争 7 年后，终于没能逃过科学的眼睛，在兴奋剂检测技术面前轰然倒塌。

在此之前，奥运历史上最大的兴奋剂丑闻就是约翰逊事件。加拿大男子短跑运动员本·约翰逊在 1987 年世界田径锦标赛上获 100 m 冠军，并以 9 秒 83 的成绩打破了世界纪录，成为世界第一飞人。在 1988 年汉城奥运会 100 m 赛中，他以 9 秒 79 的成绩夺冠并再次打破世界纪录。但是，因为兴奋剂检测不合格，约翰逊的金牌和纪录都被取消。后来的调查证实，约翰逊在参加汉城奥运会之前就开始服用兴奋剂。

运动员服用的类固醇主要是雄性合成类固醇（也称蛋白同化雄性激素），这类药物可增加蛋白质的合成，促使肌肉发达，从而提高力量和耐力。

1964 年的东京奥运会开始对运动员兴奋剂检测进行小规模的检测尝试，1968 年的格勒诺布尔冬季奥运会和墨西哥城夏季奥运会正式开始了全面检测。检测的方法为尿检和血检两种，其中尿检是最常用的方法。

曾经风光无限的美国运动员琼斯

尿检就是对运动员的尿液样本进行化

验，由此判断运动员是否使用了兴奋剂。因为人体服用或注射的药物及其代谢产物在一定的时间内总会残留在尿液中，通过对运动员的尿液作定量及定性的检测，就能检查出他们是否使用过兴奋剂。

测试分析通常采用气相色谱—质谱联用技术，其检测精度很高，已经能从1 ml尿液中检测出 1 ng 的违禁药物。

血检就是从运动员身体中抽取一定量的血液，对其检测和分析，判定运动员是否使用了兴奋剂。运动员服用的兴奋剂及其代谢物通过血液送到人体内各个器官、组织细胞中，发挥作用。这时只要对血液进行检测，就能及时检测出兴奋剂。有的难以在尿检中检测的新型违禁药物如缩氨酸、荷尔蒙及其同类产品像促红细胞生长素（EPO）、人体生长激素（hGH）等，在血检中容易被检测。

除比赛期间的检测外，许多国家和体育组织还实施比赛以外期间进行的、不事先通知的突击性兴奋剂抽查，也称飞检检测。飞检检测主要面对那些著名运动员或在短期内成绩提高过快的运动员，检查的时间放在训练阶段，因为运动员最有可能在训练阶段为增加肌肉力量、快速消除疲劳而使用兴奋剂。

每人每天千克人体二恶英限制摄入量

我们每天吃的蔬菜，都有一定的农药残留量。国家对蔬菜农药残留量有强制性的标准，规定农药残留量超标的蔬菜不能上市出售。

我们的空气中存在非常少的被称为"地球上毒性最强的毒物"的二恶英。0.1 g 的二恶英毒量就能致数十人或者上千只禽类死亡。二恶英经皮肤、粘膜、呼吸道、消化道进入体内，可造成免疫力下降、内分泌紊乱，高浓度二恶英可引起人的肝、肾损伤，变应性皮炎及出血。

二恶英是工业生产中产生的人工合成污染物，其来源是苯酚类的除草剂的生产过程和燃烧过程，造纸厂的漂白废液，焚烧含有石油产品、塑料、纤维素、木质素、煤炭等垃圾物，含铅汽油的使用，烟草的燃烧，农药生产过程中的杂质，尤其是城市垃圾的不完全燃烧，是导致大气中近年来二恶英含量激增的主要来源。

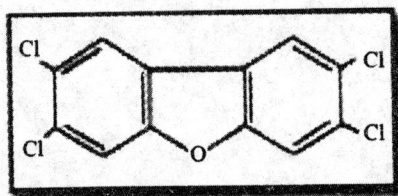

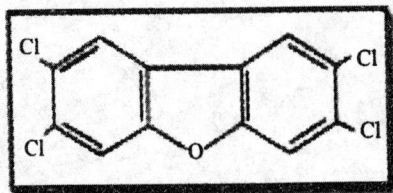

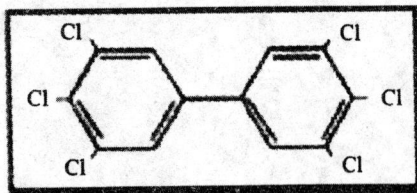

3 种氯代二恶英类化学物质的结构

如何测定蔬菜的农药残留量和大气中的二恶英含量呢？就需要用到微量和痕量分析技术进行测定。微量、痕量就是样品中能被分析仪器检测出来的非常微量的成分的质量，其含义也随着分析技术的发展而不断变化。一般地，克级组分为常量，1 g 样品中含有毫克级的组分被称为微量，1 g 样品中含有微克级的组分被称为是痕量。由于分析技术的不断进步，在 1 g 样品中，过去能够检测到有微克级、纳克级的微量痕量成分，现在能够检测到皮克级的痕量成分。

痕量分析在地球化学、材料科学、生物医学、环境科学、表面科学以及罪证分析等领域广泛应用，方法包括分光光度法、原子发射光谱法、原子吸收分光光度法、原子荧光光谱法、分子荧光和磷光法、化学发光法、激光增强电离光谱法等光学方法，极谱分析法、库仑分析法、电位法和计时电位法等电化学方法，电子微探针法、X 射线荧光光谱法等射线法，活化分析法、同位素稀释法、放射性标记分析法等放射性化学法，二次离子质谱分析、火花源固体质谱等质谱法，气相色谱、液相色谱、离子色谱法等色谱法。

不同的分析方法有不同的可靠性、灵敏度、检测限和测量成本，但灵敏度和检测极限是痕量分析仪器最重要的指标。例如，化学光谱法常用于测定高纯材料中痕量杂质，测定下限可达纳克级。质谱法是利用射频火花离子源双聚焦质谱计测定高纯度材料中痕量杂质，其测定下限也能达到纳克级。皮克级的痕量分析是现代分析技术的发展方向。

由于二恶英在空气样品中含量极少，在常规分析实验室用低分辨率的分析仪器要测量它非常困难。对二恶英的准确监测也体现了一个国家和现代分析检测实验室的痕量分析技术的水平。

为了防止二恶英对人体的伤害，一些国家和组织对每人、每日、每千克体重的平均二恶英摄取量也有最高限度的限制，例如，世界卫生组织 1998 年建议的限量标准是 1 ~ 4 pg，许多国家标准为 10 pg，美环境保护署标准为 0. 01 pg。

牛痘病毒质量

病毒是一种独特的生命形式，从发现迄今为止已有 100 多年的历史了。最初，人类认为病毒是一种不同于细菌的新致病因子，后来才认识其本质。病毒是一类没有细胞结构但有遗传、复制等生命特征，主要由核酸和蛋白质组成的有机体。各种病毒具不同大小、结构和形态，只在一定种类的活细胞中才能增殖。

人类早就记载和描述过天花、狂犬病、郁金香花叶病等病毒病，探索过防治措施，如中国古代人痘术、英国琴纳牛痘术。19 世纪末，烟草种植业发展，人们对严重危害烟草生长的花叶病病因进行大量研究，导致病毒的发现。1886 年，在荷兰工作的德国农艺化学家迈尔首先发现并命名了烟草花叶病。病毒增殖通过其核酸复制完成，故又称复制。从病毒粒子侵入寄主细胞到子代病毒粒子释放为一复制周期，包括吸附、侵入、脱壳、生物合成、装配和释放等连续阶段。

病毒是一种比细菌更小的病原体，它小得用普通的显微镜根本看不见，而是要用高级的电子显微镜才能看得见。一般情况下，一粒病毒的直径仅用几十纳米，这么小的东西质量究竟有多少呢？这个看似非常简单的问题居然花了科学家几十年的时间才得以解决。美国普度大学医学工程系的雷士德·巴西尔博士最近测得了一粒天花疫苗里的牛痘病毒的质量，是 9.5 飞克。也就是说，至少要堆积 1 万亿个牛痘病毒的质量，才与一粒米相当。

发现牛痘疫苗的英国医生琴纳

　　并且，巴西尔认为所有的病毒质量在几飞克到几十飞克之间。那么，科学家是怎么测量出病毒这么轻的质量的呢？这是因为他们研制成功了一种微型秤，它能测量出单个病毒的质量。这种称病毒的秤叫做"毫微秤"，是一种科技含量很高的秤。毫微秤是一种纳电子机械系统，通过观察物体质量增减时的共振频率的变化来进行称重。技术专家经过4个步骤的蚀刻，可制成用于制作毫微秤的纳米级的硅绝缘芯片。

　　随着禽流感、SARS、手足口病等传染性病毒的出现，毫微秤可以用于检测空气、土壤、水和生物体内的病毒含量，及时准确地预报某地区是否有流行性病毒的出现，大大降低了传染病的预防成本。毫微秤可以称出不同病毒的质量，从而区分病毒的种类，发现新的病毒，以便对症下药。毫微秤还可以用于未来的生物战中，用于监控空气中病毒的含量，及时测定敌人是否对我方发射病毒武器，及时制止对方的生物恐怖活动。

　　迄今发现的大多数病毒都能引起人或动植物发生流行性疾病。估计人类传染病80%由病毒引起，以致人们长期只看到病毒致病的一面。然而20世纪80年代以来，病毒在生物工程上的应用越来越广泛，并不断取得新进展。如用逆转录病毒作载体，对人类遗传病的基因治疗，已用于人的体细胞。总之，随着科学的发展和人类对病毒认识的深入，在控制病毒危害和利用病毒方面必将取得新的成就和突破。

目前纳电子机械系统测量精度

随着科技的发展，电子机械器械的尺寸也越来越小。相对于传统的机械，目前的微型机电系统的尺寸可以小到微米级或者纳米级。微米级的电子机械系统简称 MEMS（micro - electronmechanical systems），纳米级的电子机械系统简称 NEMS（nano - electronmechanical systems）。这种超小型系统可将机械构件、光学系统、驱动部件、电控系统集成为一个整体单元的系统，不仅能够采集、处理与发送信息或指令，还能够按照所获取的信息自主地或根据外部的指令采取行动。目前，科学家正将 NEMS 技术，用于谐振式传感器、高密度存储、单分子检测、生物电机、微探针生化检测、机械单电子器件等研究工作中。

2004 年，康奈尔大学一个由工程学教授克雷格海德领导的研究小组在研

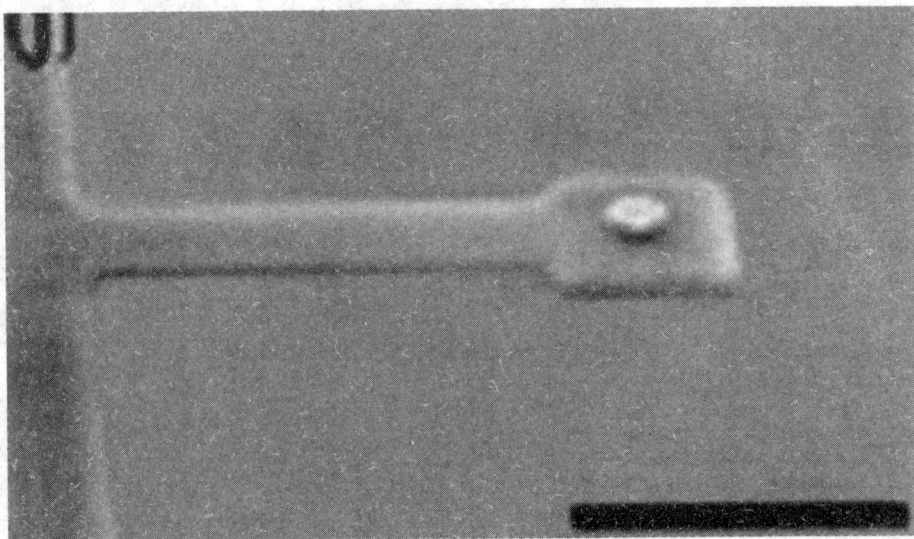

直径为 50 纳米的小金点放在 4 微米长的悬臂一端。

究增加物质质量如何产生振动频率的时候，使用微型摆动悬臂检测到了小到 6 阿克的质量。

这种超小型装置就是一种纳电子机械系统，测量的质量可精确到阿克级，也就是 10^{-18} g。一些小病毒的质量大约在 10 阿克。在这之前，研究组测量了一种质量为 665 飞克的科里病毒。

因为一个物体的振动频率与质量有关，例如一根质量大的琴弦要比一个质量小的琴弦振动得慢，发出低沉的声音。NEMS 系统主要用于检测和鉴定微生物和生物分子。它的悬臂振动由硅和氮化硅制成，振动频率非常快，通常在 1～10 兆赫之间。任何一点非常微小的质量变化，都会导致振动频率的改变。振动频率用观测照射到被测物体上的激光光束的变化来获得。

在细胞检测时，研究人员把悬臂涂抹上结合有病毒的抗体，然后把悬臂浸入细胞液中。一些细胞会附着在悬臂上，这增加的质量就会改变悬臂的振动频率。如果恰好有一个细胞附着在悬臂上，就会测得单一细胞的质量。研究人员曾把一粒直径为 50 纳米的小金点附着在悬臂上，再通过化学反应使金点表面上形成只有几百个分子的单子分层。通过测量频率的变化，研究人员计算出增加的这个小金点的分子层质量只有 6.3 阿克。

提高系统的测量精度的办法是减小摆动悬臂测量装置的尺寸，并把摆动悬臂置于超真空之中。科学家认为，经过改进，这种装置的测量精度可以提高到千分之一阿克。

超小型机电系统将给人类社会带来又一次技术革命，将对 21 世纪的科学技术、生产方式和人类生产质量产生深远影响。

顶夸克质量

就在不久前，人们还一直以为质子和中子是构成世界万物的最基本的粒子。现在我们知道，它们可以分割成更小的物质粒子，那就是夸克。

20世纪60年代，科学家们借助粒子加速器，总共发现了100多种各式各样小于原子的粒子。很多人感到迷茫，不知道自然界到底有多少种粒子。美国物理学家盖尔曼认为，许多新发现的粒子其实是受激后处于不同能级的同一种粒子。他提出一种新的物质组成学说，认为只需要有3种不同的夸克，就能利用它们的不同组合来解释所有构成物质粒子的强相互作用。

盖尔曼将这3种夸克分别称为上夸克、下夸克和奇夸克。它们各有自己的特性，其中一个特性是它们所具有的电荷是分数，分别是电子电荷的2/3或-1/3倍。他认为除轻子（即不参与强相互作用，只参与弱相互作用与电磁作用的粒子）外所有物质粒子都是由这3种夸克组成的，例如质子是由两个上夸克和一个下夸克组成的，而中子则是由两个下夸克和一个上夸克组成的；介子是由一个夸克和一个反夸克组成的束缚态；其他已知的粒子，要么属于轻子，要么由不同数目的夸克组成。

1973年，美国科学家通过实验证实了这3种夸克的存在。此后，科学家们在夸克学说和量子场论的基础上，建立了描述夸克之间强相互作用的量子色动力学理论，认为夸克之间的强相互作用是由于带有色荷的夸克相互交换胶子而产生的，胶子像"胶合剂"一样将数个夸克连在一起。这一学说后来逐渐发展成为粒子物理学的标准模型。

根据新的理论，科学家们认为夸克实际上有6种，它们分成3个"世代"，第一代是上夸克和下夸克，第二代是粲夸克和奇夸克，第三代是顶夸克和底夸克。所有普通物质都是由第一代夸克所组成；第二及第三代夸克只能在高能量实验中制造出来，而且会在极短时间内衰变成第一代夸克。每一代夸克与另一代夸克的性质几乎一样，唯一的区别就是它们的质量及稳定性。

随着粒子加速器的能量不断提升，科学家们制造和发现新粒子的能力也越来越强。1974年，由美籍华裔科学家丁肇中领导的研究小组发现了粲夸克，1977年，美国费米实验室李德曼领导的研究小组又证实了底夸克的存在。1995年3月，美国费米实验室的科学家发现了标准模型预言的最后一种夸克顶夸克，质量大约是 3×10^{-22} g，在 10^{-24} 秒内就会衰变成其他粒子。

夸克的发现使人类对微观物质世界的认识又深入了一大步，不仅验证了标准模型理论，而且可以帮助科学家了解宇宙由创生到未来的演化历程。

美国物理学家盖尔曼

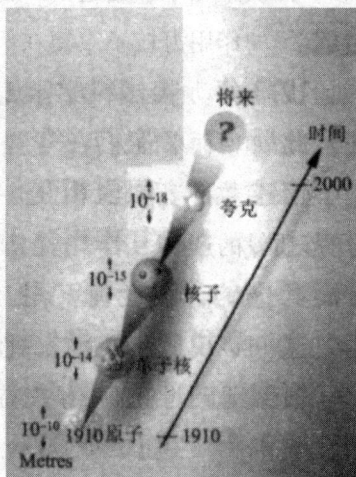

发现粒子的历程——从原子到夸克

理论上的希格斯破色子质量

我们知道，所有物质都具有质量，质量又是怎么来的呢？

也许有人认为，质量是物质与生俱来的一种特性。但科学家不这么想，他们非要刨根问底不可。既然所有物质都是由原子组成的，质子和中子组成原子核，而质子和中子又是由一种叫做夸克的基本粒子构成的，夸克通过一种叫做胶子的作用力粒子束缚在一起，因此，质子和中子的质量就应该来自于夸克和胶子的动能以及夸克自身的静质量。但如果继续追问下去，夸克的静质量又是如何而来的呢？

目前大多数科学家相信，是一种"希格斯粒子"导致了夸克以及所有基本粒子静质量的产生。

20世纪60年代，物理学家提出了标准模型，在这个模型中不同粒子的性质大体上都可以用具有数学对称性的定律来确定。然而，这个模型有个致命的缺陷，那就是预测出的粒子没有任何差别，并且质量都为零。1964年，英国物理学家希格斯提出一种假设，认为自然界可能存在一种与其他量子场性质不同的"希格斯场"，产生的基本粒子即为希格斯粒子，它与其他基本粒子的不同之处在于有不同的自旋。

自旋是粒子的一种特征，每个基本粒子都有，例如电子的自旋是1/2，大多数作用力粒子的自旋为1，而希格斯粒子的自旋为0，这导致了与希格斯场相互作用的粒子行为就像是它们拥有质量。

此后，理论物理学家根据改进的标准模型（也称"超对称标准模型"）进一步推断，自然界至少存在两种不同的希格斯场，共产生了5种希格斯玻色子，其中3种是电中性的，两种是带电的；其他基本粒子与这两种希格斯场相互作用，最终使夸克和轻子等基本粒子拥有了质量，并且还产生了有质量的中微子和 W 子与 Z 子。因此，希格斯粒子是所有物质的质量之源。

标准模型理论共预言了 62 种基本粒子的存在，迄今除了希格斯粒子外，其他基本粒子已全部被实验所证实，其性质也与预测完全吻合。然而，只要赋予物质以质量的希格斯粒子未被找到，标准模型就无法得到最终确认。在 2000 年年初，欧洲核子研究中心的科学家利用大型正负电子对撞机曾经发现了希格斯粒子存在的迹象，根据实验结果与理论推测，希格斯粒子的静质量可能为 2×10^{-22} g，相当于质子质量的 120 倍。

目前，寻找希格斯玻色子已成为高能物理学领域科学家们新一轮竞相追逐的目标，2008 年欧洲核子研究中心新建的大型强子对撞机将投入使用，或许到那时人们就会知道希格斯粒子是否真的存在。

英国物理学家希格斯

欧洲核子研究中心的科学家利用大型正负电子对撞机发现了希格斯粒子存在的迹象

水分子的质量

将一滴水放在你的指尖，仔细地观察，它是那样的晶莹透明。此时你有没有想过，它是如何构成的呢？

当然，科学家早已告诉了我们：水是由分子组成的，水分子则是由两个氢原子和一个氧原子组成的，它们之间通过化学键相互紧密连接在一起。但科学家又是怎么知道的呢？这其实是一个很长的故事。

古希腊人认为，水是一种不可再分的元素。这种观念长期被后人所继承，直到18世纪末，英国科学家卡文迪什首次将氢气和氧气燃爆生成水，其他科学家又用电将水分解成氢气和氧气，才彻底破除了水是元素的传统观念。英文"氢气"一词的含意即为"水之源"。

19世纪初，英国化学家道尔顿根据气体的体积或压强随温度的升高而增大这一事实，首次提出气体是由微小的颗粒"原子"组成的。不过他当时错误地认为，水是由氢原子和氧原子按1：1的比例结合而成的。

就在原子论发表的同一年，法国物理学家盖·吕萨克发现了气体反应体积简比定律，认为氢气和氧气反应的体积比为2：1，因此水的化学式应该是 H_2O 而不是道尔顿认为的 HO。

1811年，意大利科学家阿伏伽德罗首次提出分子学说，认为在同温同压下，所有相同体积的气体都是由相同数目的微粒组成的。不过，这些微粒不是原子，而是一种被

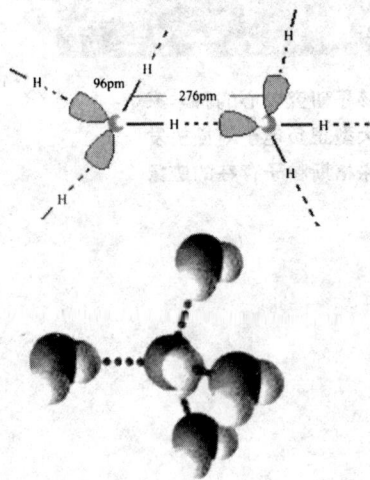

水分子的结构示意图

称为"分子"的小原子团。原子是参加化学反应的最小质点，分子则是在游离状态下单质或化合物能够独立存在的最小质点。按照他的观点，水的生成可表示为：1 个氧分子（O_2）+2 个氢分子（H_2）→2 个水分子（H_2O）。

1827 年，英国植物学家布朗注意到悬浮在水面上的花粉粒会不规则地轻轻移动，最初以为这是由于花粉粒中藏有微生物，后来发现水中的染料微粒也显示同样的运动。这一被称为"布朗运动"的发现证实了分子存在的真实性。

19 世纪后半叶，由于热力学和分子物理学的发展，人们逐渐认识到在布朗运动和分子热运动之间存在某种联系。1905 年，爱因斯坦对布朗运动进行热力学统计分析，指出可以根据染料颗粒轻微移动的程度来计算分子的大小。

法国物理学家佩兰通过对悬浮于水中的树脂微粒计数发现，作布朗运动的悬浮微粒在平衡时，竖直方向分布遵从爱因斯坦所提出的动力学方程，首次通过实验测量计算出阿伏伽德罗常数和水分子的直径，并根据其密度推算出水分子的质量。佩兰因此而获得 1926 年诺贝尔物理学奖。

根据科学家最新测量结果，水分子的直径大约是 3.3×10^{-10} m，质量为 2.99×10^{-23} 克。

看！在一滴水的背后，隐藏着多少故事。

氧原子平均质量

人类很早就与火打交道，钻木取火，用火取暖，烹煮食物，烧制陶器和砖瓦，冶炼青铜器和铁器等。正是这些应用，极大地促进了当时社会生产力的发展，成为人类进步的标志。

但对于为什么物质会燃烧起火，以往人们却一直概念模糊。古代中国人从阴阳五行的观点认为"木能生火"，古希腊人则认为火是一种基本元素。到中世纪欧洲文艺复兴时期，随着炼金术而诞生的早期化学家通过大量实验观察，创立了燃素说。

尽管燃素说是错误的，但与炼金术相比仍是很大的进步。它把当时人们通过大量实验获得的结果统一在一个概念之下，近似解释了燃烧过程中的化学反应，因而得到广泛接受。特别是燃素说认为，化学反应是一种物质转移到另一种物质的过程，反应过程中物质守恒，这些观点奠定了近代化学理论的基础。

拉瓦锡

18 世纪很多欧洲化学家都兼做药剂师的职业，在长期配制各种药剂的同时，他们通过实验分离、提纯了许多新物质，也合成了许多化合物。瑞典化学家舍勒在加热火硝（即硝酸钾）和红汞（即氧化汞）时获得一种以前从未见过的气体，可燃物在这种气体中燃烧比在空气中燃烧更为剧烈，他称此为"火气"。

不久，英国化学家普利斯特利也发现了这种气体。他发现，老鼠在这种气体里过得非常舒服。受好奇心的驱使，他也尝试吸取了这种气体，肺部的感觉和平时吸入普通空气一样，但身心觉得十分轻快舒畅，他称此为"脱燃素气"。

法国化学家拉瓦锡在研究白磷燃烧时发现，燃烧产物的重量增加了。经测定，消耗的空气大约有1/5，燃烧产物所增加的重量和所消耗的空气重量基本相同。燃素说认为燃烧是分解过程，燃烧产物应该比可燃物质量轻，而拉瓦锡实验的结果却是截然相反。此后，他做了很多实验来证明燃素说的错误，发现所有酸中都含有"脱燃素气"的物质成分，因此把这种气体称为"氧气"，意思是酸之源。

他发现，白磷燃烧时增加的重量恰好是氧气减少的重量，这表明可燃物燃烧时其实是吸收了氧气，与氧形成化合物。拉瓦锡还用实验研究了动物的呼吸作用，发现氧气在动物体内与碳化合，生成二氧化碳，同时放出热，这与燃烧有机物的情况完全一样。

1777年9月，拉瓦锡向法国科学院提交了《燃烧概论》一书，系统地阐述了氧化学说。这部书很快被翻译成多国语言，氧化论逐渐替代燃素说，拉瓦锡因此成为近代化学的奠基者。

以后，科学家们更深入地研究了氧的各种特性，确定了氧气的分子组成，根据氧化合物各成分的质量比测定出氧原子的相对质量，得到氧原子平均质量为 2.66×10^{-23} g。氧在地球上分布极广，在大气中占23%，在地壳中含量为48.6%，居元素首位。

氢原子平均质量

自古以来，人们就知道太阳是一个很热的大火球，但仍然好奇，里面究竟有什么呢？

有人猜是燃烧的大块煤炭，有人说是别的什么东西，但都没有证据。科学家们用望远镜观察太阳，看到太阳表面喷出炽热的光焰，偶尔还能看到黑子和日冕，但仅凭这些仍猜不出太阳的化学成分是什么。

后来，人们找到一个好办法，那就是利用太阳的光谱。

说起光谱，不能不提到英国著名科学家牛顿，他利用自制的三棱镜，首次把太阳光分解成从红到紫 7 种颜色的连续光带，并把这种像彩虹一样的光带称为光谱。后来人们发现，如果让阳光先通过一个狭缝，然后再用棱镜折射，可以看到太阳光谱中间有许多明暗不同的线条，称为谱线。

德国物理学家夫琅和费也发现，不管是来自阳光还是月球和行星的反射光，这些线条总是出现在光谱的同一位置上。他仔细数了数，竟有 500 多条，总称为夫琅和费谱线。

19 世纪中期，德国化学家本生与基尔霍夫合作研究出利用光谱来识别各种化学元素的方法。他们把已知的化学物质加热燃烧，再将它发出的光展宽成光谱，发现其中每种元素都产生几条特有的谱线，例如钠产生两条靠在一起的亮黄线，锂产生一条明亮的红线和一条较暗的橙线等。其中，亮线是元素的特征辐射，暗线则是被元素所吸收的一定波长的光。

19 世纪科学家使用的光谱仪

他们编制了各种已知元素的光谱表，把每条谱线都同某种已知元素对应起来。任何物质只要将其光谱与已知元素的光谱表做一对照，便知道其中含有哪些元素。这种检测物质成分的方法称为光谱分析法，它比利用试剂测试成分的方法简便得多，而且只需很少的量就够了。科学家利用这种方法，很快发现了铯、铷、铊、铟、镓等许多新元素。

德国化学家本生

基尔霍夫还将太阳光谱的谱线与已知元素光谱表做对照，发现太阳上含有氢、钠、铁、钙、镍等元素，立即轰动了科学界。1868 年，法国天文学家让桑和英国天文学家洛基尔在印度观测日全食时，拍摄到太阳日珥光谱，发现其中有一条格外明亮的黄线，与当时所有已知元素都不匹配，这一定是某种未知的新元素。巴黎科学院将它命名为"氦"，意思是太阳元素。这是有史以来人类第一次在地球以外发现的新元素。

大约 30 年后，英国科学家莱姆塞利用光谱分析法，在地球上也找到了氦。通过研究发现，氦是一种很"懒惰"的元素，在通常情况下不与其他物质化合。地球上氦含量很少，不过在太阳上乃至整个宇宙中，氦的数量仅次于氢。氦原子平均质量为 6.70×10^{-24} g，太阳之所以那么热，就是在进行由氢聚合为氦的热核反应。

氢原子平均质量

很多年来科学家一直以为空气是一种单一的物质。随着欧洲文艺复兴，传统炼金术逐渐被制药与冶金业所取代。有的化学家在实验中发现，把铁放在硫酸中会发生激烈的化学反应，冒出许多可以燃烧的气泡，似乎与普通的空气不太一样。

18世纪50年代，英国科学家卡文迪什发现，用铁、锌与稀硫酸和稀盐酸发生反应，生成一种不溶于水和碱液的气体，在与空气混合点燃时会发生剧烈爆鸣，爆鸣后瓶内有水珠出现，因此他给这种气体取名为"可燃气"。

这种气体有一个特别之处，当给猪的尿泡充入这种气体后会在空气中冉冉上升。卡文迪什当时信奉燃素说，他一度以为自己发现了很多人梦寐以求的"燃素"，众多燃素说信奉者也都欣喜若狂，将其作为燃素具有负重量的重要依据。卡文迪什最终测出"可燃气"的密度，发现虽然它比普通空气轻得多，但也有重量。

"可燃气"后来被法国化学家拉瓦锡改称为氢气。1783年12月，人们首次搭乘绸布制作的氢气球飞上天空。此后，充有氢气的载客飞艇一直沿用到20世纪30年代。氢气还被广泛用于合成氨和甲醇，用于炼油厂中为石油脱硫，制备有机化合物溶剂和试剂，用于以动植物脂肪制取人造黄油等。

20世纪初，人们认识到氢气是一种双原子组成的分子，氢原子是所有元素中最轻的。1904年，因发现电子而著名的英国科学

科学家汤姆逊

家汤姆逊担任剑桥大学卡文迪什实验室主任。他首次提出原子结构的模型，即原子是一个均匀的带正电荷的球体，里面飘浮着许多电子，电子所带电荷与球体所带的正电荷恰好相等，所以整个原子是中性的。但原子失掉电子后又会如何呢？

汤姆逊决定研究这一问题。他将原先发现电子时所做的阴极射线实验重做了一遍，但这一回把仪器的高压电极反过来接，原来的阴极变为阳极，结果产生一束带正电荷的射线，汤姆逊称之为"阳极射线"。

接下来，汤姆逊测量阳极射线在电场和磁场的作用下发生的偏转，然后求出其中电荷和质量的比值。为了进行比较，他在射线管内分别使用了纯净的氢气、氧气、氮气和氦气等。结果发现，同阴极射线不同的是，阳极射线粒子的电荷和质量的比值随气体的不同而差异很大，这说明阳极射线是失去了电子的某种离子。

后来经过其他科学家的精密测量和计算，得出失去电子的氢离子，也就是氢原子核的质量是 1.67×10^{-24} g，比电子的质量大 1 836 倍。因为电子质量很小，氢原子核的质量差不多就等于氢原子的质量。

以后，科学家们更深入地研究了氢的各种特性，确定了氢在整个地球和宇宙中的比例，虽然氢在地球总物质含量中只占 0.9%，但却是整个宇宙中最丰富的物质，约占 75%。

原子质量单位

我们在上化学课时首先学到的就是原子量。科学家是怎么知道原子量的呢？

19 世纪初，英国化学家道尔顿提出了原子论，认为各种元素的原子重量不同。虽然他无法称得微小原子的质量，但通过称量从化合物中分离出来的每种元素的各自质量，再根据各种元素的化学性质来推测，就可得到这些原子之间的相对质量，即原子量。

以不同的原子个数比将得出不同的原子相对质量。例如氢与氧化合生成水，1 份质量的氢需 8 份质量的氧。道尔顿推断水中氢和氧的原子个数比为1：1。他把氢的原子量定为 1，从而得出氧的原子量为 8。

第一位系统地进行原子量测定工作的是瑞典化学家贝采利乌斯。1810—1830 年大约 20 年间，他在简陋的实验室中对 2 000 多种单质和化合物进行了分析测定。鉴于氧化物的广泛存在，贝采利乌斯决定把氧的原子量作为基准，规定氧的原子量为 100。1818 年，他发表了含 88 种元素的原子量表。

19 世纪中期，比利时化学家史塔斯改进了测定原子量的方法。他想方设法制备出最纯状态的化合物，通过分析和合成，确定出元素的化合比，把氧的原子量定为 16，然后再推算出其他元素的原子量。他测定的数值准确性远远超过了当时其他化学家。

进入 20 世纪后，美国年轻的化学家里查兹设计出更精密的实验装置，测定出更准确的原子量，因此而荣获 1914 年诺贝尔化学奖。以后，科学家们通过各种精密实验，能够测定出原子的实际质量，例如 1 个氢原子的实际质量为 1.67×10^{-24} g，1 个氧原子的质量为 2.66×10^{-23} g，1 个碳 12 原子的质量为 1.99×10^{-9} g。但由于原子的质量很小，以克为单位来计算时非常麻烦，因此仍以氧原子质量为 16 作为原子量计量基准。

后来，人们发现大多数元素是由两种以上的同位素构成的，而其原子量是按各同位素所占百分比求得的平均值。自然界中存在 3 种天然氧同位素，它们的分布不均匀，不宜再用作原子量的基准。

考虑到碳在自然界分布较广，它的化合物特别是有机化合物繁多，包括很多质量很大的碳氢化合物，很容易测定其质谱，而用质谱仪测定相对原子质量是现代测量技术中最准确的方法。另外，碳 12 在自然界的分布比较均匀，而且采用碳 12 后，原先已测定的所有元素原子量都变动不大，仅比过去减少 0.004 3%。因此在 1961 年 8 月，国际纯粹与应用物理学联合会正式宣布，将碳 12 原子质量的1/12，即 1.67×10^{-24} g 作为新的原子量基准，称为"原子质量单位"，符号是 u。同年还发布了新的国际原子量表，一直沿用至今。

道尔顿时代已了解的化学元素

英国化学家道尔顿

质子质量

在古代，炼金术士幻想找到某种方法，能够将普通的铜铁铅锡等金属转变成黄金白银，最终都失败了。当时的人们由此得出了结论，不可能通过化学反应，将一种元素变成另一种元素。炼金术士的梦想真的永远不能实现吗？

20世纪初，英国科学家卢瑟福通过 α 粒子轰击金箔的大角度散射实验，首次证实了原子的存在，并据此提出了新的原子模型，认为原子是由原子核和在外面环绕的电子所组成，不同元素的原子核大小和电子的数目各不相同。随后，他带领研究人员做了大量实验，开始探索原子核内部的秘密。

卢瑟福的学生莫塞莱在测定各种元素产生的 X 射线波长时发现，这些波长的排列次序与元素在周期表中的次序相一致，而且随元素原子量的增大均匀而有规则地递减，首次证实了核外电子环的存在。莫塞莱将各种元素的排列次序称为"原子序数"，它与原子核所带的单位电荷数即核电荷数相同。

1914年，卢瑟福带领研究人员利用 α 粒子轰击氢气，结果得到带正电的氢原子核。根据对入射粒子偏转情况的分析，估算出氢原子核的半径约为 10^{-14}m，大约只有氢原子半径的万分之一。原子的绝大部分质量集中在如此小的原子核内，因此核内物质的密度一定极高，它比通常物质的密度大约高出 1 万亿倍，相当于每立方厘米的核物质约有上千吨重。

由于它和电子带有相等且相反的电荷，卢瑟福认为它是作为电子对偶的一种基本粒子，给它重新取了个名字，叫做质子，认为原子可能是由电荷相互平衡的电子和质子组

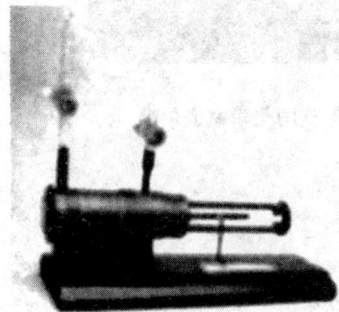

第一次实现原子核人工嬗变的装置

134

成的。

1919 年，卢瑟福接替汤姆逊担任卡文迪什实验室主任，他决心敲开原子核的大门。由于阴极射线的能量太小，卢瑟福选择镭衰变时产生的高速 α 粒子作为轰击的"炮弹"，目标不再用金箔或氢气而是改用氮气。实验中发现了氢原子核，证明它就是质子。后来他又将目标换为氖、镁、硅、硫、氯、氩和钾，结果都出现了氢原子核，证明所有元素的原子核中都有质子存在，只是数量不同而已，而失去质子的原子核则变成了另一种元素。

这是人类有史以来首次打破原子核的人工核反应，将一种元素转变成了另一种元素。不过用这种方式，只能将极个别的原子核变成另一种原子核，以目前的技术手段，仍无法实现炼金术士将一种金属变成另一种金属的梦想。即使未来能够做到，成本恐怕也远远超出黄金白银的实际价值。

一个铀235原子核裂变前后的"质量亏损"

　　大家都知道核能是一种神奇的新能源，科学家是怎么发现它的呢？

　　19世纪末，随着放射性元素的发现，人们遇到一个新的疑难问题，即这些放射性元素衰变时产生的能量究竟是从哪里来的？例如，铀衰变时发射出的粒子能量大得惊人，比碳原子化合时所释放的能量大200万倍。镭除了辐射外还不断地产生大量的热，1 g镭每小时可以释放出140 Cal的热量，这种过程能够日复一日、年复一年地长期进行下去。和化学反应不同，这种能量的释放与温度无关，即使是在零下200℃的低温下或是6 000℃的高温中，也一如既往。

　　显然，这里涉及的是一种人们完全陌生的新的能量产生机理。而根据能量守恒定律，各种能量都不能凭空产生，它只能存在于物质之中。可它究竟藏在哪儿呢？科学家为此绞尽了脑汁。

　　1905年，爱因斯坦发表狭义相对论，认为能量和质量都是物质的属性，提出质量与能量可以互相转化的关系式 $E = mc^2$，把以往人们一直认为相互毫无关系的质量和能量联系在一起。它将以往由法国科学家拉瓦锡提出的质量守恒定律与德国科学家亥姆霍兹的能量守恒定律合并成一个定律，即质能守恒定律。这一理论可以合理解释放射性元素衰变时释放能量的现象，因为极少的质量就可以转化为极大的能量。

　　最初人们以为放射能存在于原子内部，

英国科学家阿斯顿，因发明质谱仪获得1922年诺贝尔化学奖所以把这种放射能叫做"原子能"。自从英国科学家卢瑟福发现了原子的结构，证明绝大部分原子质量都集中在原子核内，人们很自然地认为放射能存在于原子核中，因此又把放射能改称为"核能"。

此后，人们又陆续发现了质子和中子。1925 年，英国科学家阿斯顿进行磁场偏转实验，利用质谱仪非常精确地测定了氦原子核的质量，发现其质量并不刚好是构成它的 2 个质子与 2 个中子的质量总和，其中存在 5.66×10^{-26} g 的"质量亏损"。也就是说，单个核子的质量总是比结合在原子核里的每个核子的质量大。原子核里的质子和中子就是靠这些亏损的质量转化成的能量而紧密结合在一起的，科学家们将这些能量称为原子核的"结合能"。

1938 年，科学家们发现中子轰击铀原子核后会产生核裂变现象。当他们将裂变后两部分碎片的质量相加时，发现它们比裂变前的铀核质量和作为"炮弹"的中子质量之和要小，说明在铀核裂变反应过程中同样发生了质量亏损，而且亏损的质量异常巨大。1 个铀 235 原子核裂变前后的质量亏损就达 3.57×10^{-25} g。1 g 铀 235 裂变释放出的结合能相当于 2 300kg 燃煤所发出的热能。这是人们首次认识到核能的巨大威力。

电子质量

人们对原子核的认识始自于电子，我们平常所用的电也来自于这种微小粒子的快速流动。科学家是怎么发现电子的呢？这要从阴极射线说起。

19 世纪后，科学家们对电有了更多的认识，开始从事与气体放电现象有关的实验研究。1867 年，德国科学家希托夫发现，如果将金属薄片放在真空放电管的阴极和产生荧光的管壁之间，会投射出清晰的阴影，说明产生荧光的是一种起源于阴极、沿直线前进的射线，而且它能被磁铁偏转，说明带有电荷，人们称此为"阴极射线"。

后来，英国科学家克鲁克斯发明一种新的高真空度气体放电管，通上高压电后，阴极发射出强烈的荧光，照射在阴极对面的玻璃壁上，如果在阴极和玻璃壁之间放置一个小叶轮，轮叶就会转动起来，说明这种射线具有热效应和动量。

这一现象引起英国科学家汤姆逊的浓厚兴趣。1897 年，汤姆逊根据阴极射线在电场和磁场作用下的偏转，判定这是一种带电荷的粒子流，又用实验测定出这些粒子的电荷与其质量的比率为氢离子的千分之一。

当时人们唯一知道的带电粒子是原子的负离子，但阴极射线粒子不可能是这种负离子，因为它受电磁场的偏转如此强。这只有两种可能，要么就是它具有非常高的电荷，要么就是它的质量很小。汤姆逊最终测定出阴极射线粒子的电荷同电解中氢离子所带的电荷是同一数量级，从而证明了阴极射线粒子的质量确实只是氢离子的千分之一。

英国科学家克鲁克斯

汤姆逊还发现，无论是改变放电管中气体的成分，

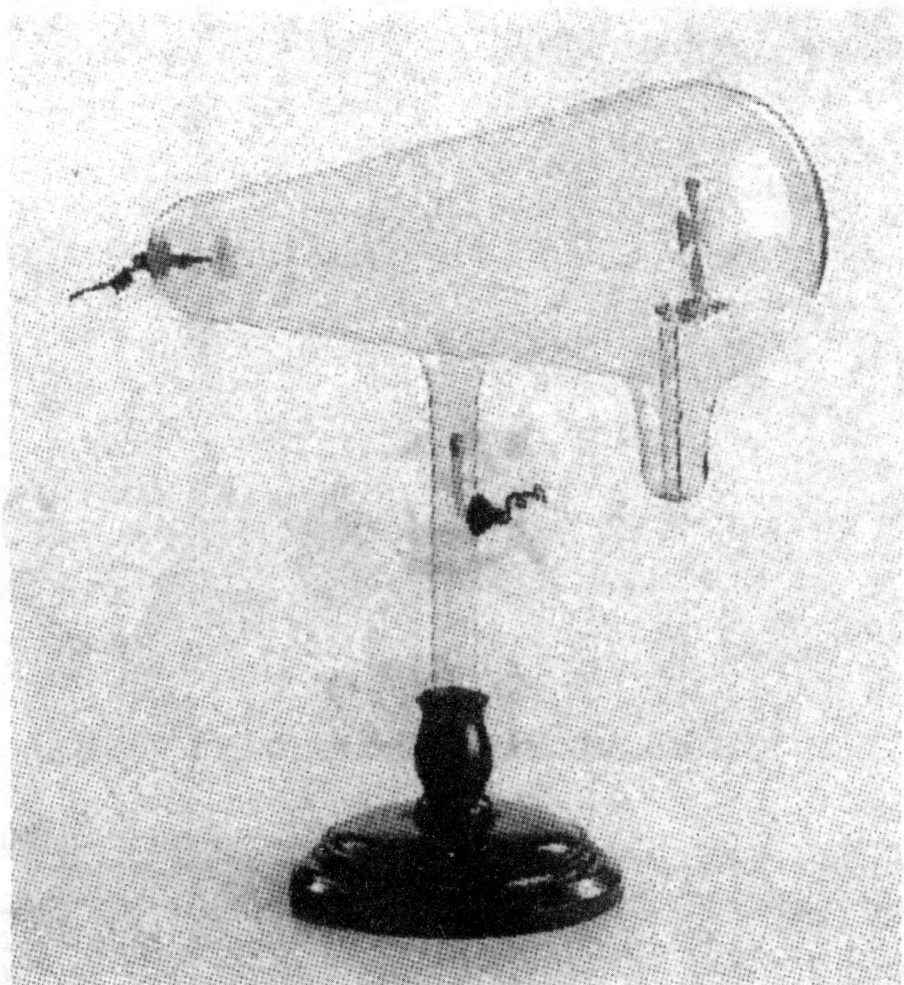

装有小叶轮的克鲁克斯阴极射线管

还是改变阴极材料，阴极射线的粒子都是一样的，而且不论是由于强电场的电离、正离子的轰击、紫外光的照射、金属受灼热还是放射性物质的自发辐射，都发射出同样的带电粒子，说明这些粒子一定是从金属原子中被撞击出来的，因此它必定是组成原子的一种更小的粒子。汤姆逊当时把它称作"微粒"，后来改称"电子"。

汤姆逊用令人信服的证据表明，原子并非像人们以往所认为的那样是物质最终不可分割的基本粒子。尽管这种观念在当时令人震惊，但其后越来越

英国科学家汤姆逊和他制作的阴极射线管

多的实验发现证实了这一点。特别是 1909 年，美国物理学家密立根通过油滴实验，精确地测定出微小油滴上所带的电子电荷值，再次证明了电荷的不连续性和电子的存在。这些发现一步步带领人们进入到原子世界的内部。汤姆逊因此获得 1906 年诺贝尔物理学奖，密立根获得 1923 年诺贝尔物理学奖。

根据最新的实验测定结果，电子的质量为氢原子质量的 1/1 837，即 9.10×10^{-28} kg。

电子中微子的质量

迄今人类所发现的基本粒子中最轻的是哪个呢？

有人说是光子和胶子，因为它们的静质量为零。不错，不过光子和胶子都属于作用力粒子。最轻的物质粒子要数中微子。

20世纪30年代，人们发现铀和镭衰变前后的能量不相等，说明有一部分能量丢失了。奥地利物理学家泡利为了解释这一现象，认为在衰变过程中原子核除发射β射线外，还伴有一种我们不知道的其他粒子。他推测这种粒子本身不带电，质量几乎为零，速度跟光一样快，就是它从衰变中带走了能量。人们根据泡利的推测，给这种粒子起名为"中微子"。

1938年，德国物理学家贝特和韦扎克各自独立提出了恒星能量产生的理论，认为在恒星及太阳内部发生着氢聚合成氦的原子核反应，释放出巨大的能量，同时还会产生大量光子和中微子。

要检验这一理论，最好的办法就是计算太阳发出的中微子数量。虽然太阳内部产生的光子很容易发生转换和扩散，但是中微子的数量则不会有变化。

不过，尽管每时每刻都有数万万亿个中微子飞过地球，但由于它穿透力很强，几乎不与任何物质发生相互作用，科学家无法用传统的探测器"捕捉"到它。

美国科学家戴维斯想到一个好办法，他在地下1 500 m深的矿洞里安装了一个储有615吨四氯乙烯溶液的大罐子，因为四氯

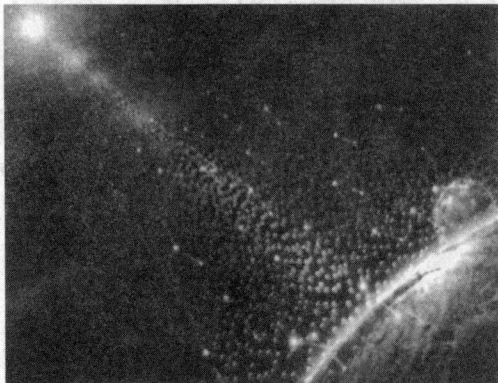

来自太阳的中微子

位于地下 2 000 米深的加拿大萨德伯里
中微子观测站

乙烯中的氯原子受到中微子撞击后会变成放射性氩原子，同时发出微弱的荧光。利用这种方法，戴维斯在 1968 年首次推算出来自太阳的中微子数量。结果却令人失望，因为实际测得的数量只有理论预言的 1/3，令科学家百思不解，成为轰动一时的中微子失踪之谜。

1989 年，欧洲核子研究中心的科学家通过实验发现，中微子原来有 3 种类型，即电子中微子、μ 子中微子和 τ 子中微子。1998 年，以小柴昌俊为首的日本超级神冈实验室科学家发现，宇宙射线在地球大气上层所产生的 μ 子中微子会变成了 τ 子中微子。2001 年，加拿大萨德伯里中微子观测站的研究人员证实，来自太阳的电子中微子有 2/3 在前往地球的途中转变成其他类型的中微子，解开了长达 30 年的太阳中微子失踪之谜。戴维斯与小柴昌俊等人因此获得 2002 年获诺贝尔物理学奖。

目前已测得的电子中微子的质量为 10^{-33} g，约为电子质量的百万分之一。虽然中微子的质量很小，但科学家推测，它在宇宙中的总质量约占全部宇宙质量的 0.3% ~21%，而宇宙中全部气体、尘埃和恒星的总质量只占 4%。中微子很可能是宇宙暗物质的一种，而且它还可能与宇宙中物质与反物质的不对称有关。人们希望通过对中微子的研究，解开宇宙的起源与演化之谜。

二、现代测量基础

自动测量技术的发展和应用

一、自动测量技术的发展

各个自然科学领域的产生与发展离不开测量技术，"科学，只有当人类懂得测量时才开始"，测量是人类认识自然的主要武器。自动测量技术是随着现代科学技术的发展而迅速发展起来的一门学科。自动测量技术早在20世纪20年代已经应用在工程试验和生产过程的自动控制中。1946年电子计算机诞生，并很快渗透到工业领域中。20世纪50年代初期出现了第一批机电一体化的产品，它将加工、测量以及计算机技术结合在一起，大大提高了加工精度和生产效率。

随着物理学、化学、材料学，特别是半导体材料学、微电子学、计算机及信息化、通信技术等方面新成果的产生，使新型的自动测量系统正在向器件集成化、信息数字化和控制智能化方向发展，新型或具有特殊功能的传感器不断涌现出来，已广泛地应用在能源与动力工程、机械工程、电子通讯、国防工业、交通运输以及航空航天等一切科学技术领域。自动测量技术的发展主要表现在以下几个方面。

1. 不断提高自动测量系统的测量精确度、扩大测量范围、延长使用寿命、提高可靠性

在科学技术不断发展的同时，对自动测量系统测量精确度的要求也相应提高。近年来，人们研制出许多高精确度的自动测量仪器以满足各种需要。测量范围也不断扩大，如压力可从几十个帕的微压力到几千兆帕高压的压力传感器，能够测出极微弱磁场的磁敏传感器。从20世纪60年代开始，人们

对传感器的可靠性和故障率的数学模型进行了大量的研究，使得自动测量系统的可靠性及寿命大幅度的提高，现在许多自动测量系统，如航天测量船使用的各类测量系统，可以在极其恶劣的环境下连续工作。目前人们正在不断努力，进一步提高自动测量系统的各项性能指标。

2. 应用新技术和新的物理效应，扩大自动测量的领域

自动测量原理大多以各种物理效应为基础，人们根据新原理、新材料和新工艺研究所取得的成果，将研制出更多品质优良的新型传感器。近代物理学的研究成果，如激光、红外、超声、微波、光纤、放射性同位素等的应用，都为自动测量技术的发展提供了更多的途径。研制出的传感器有光纤传感器、液晶传感器、以高分子有机材料为敏感元件的压敏传感器、微生物传感器等。激光测距、红外测温、超声波无损探伤、放射性测厚等非接触测量技术也得到迅速发展。另外，代替视觉、嗅觉、味觉和听觉的各种仿生传感器和检测超高温、超高压、超低温和超高真空等极端参数的新型传感器，将是今后传感器技术研究和发展的重要方向。

3. 发展集成化、功能化的传感器

随着超大规模集成电路技术的发展，硅电子元件的集成化有可能大量地向传感器领域渗透。人们将传感器与信号处理电路制作在同一块硅片上，得到体积小、性能好、功能强的集成传感器，使传感器本身具有检测、放大、判断和一定的信号处理功能，例如，已研制出高精确度的 PN 结的测温集成电路。又如，人们已能将排成阵列的成千上万个光敏元件及扫描放大电路制作在一块芯片上，制成 CCD 摄像机。今后，还将在光、磁、温度、压力等领域开发新型的集成化、功能化的传感器。

4. 采用计算机技术，使自动测量技术智能化

从 20 世纪 60 年代微处理器问世后，人们已逐渐将计算机信息处理与通信技术，构成监测与远程诊断网络，使自动测量仪器智能化，从而扩展了功能，提高了精确度和可靠性。计算机技术在自动测量技术中的应用，还突出地表现在整个自动测量工作可在计算机控制下，自动按照给定的测量实验程序进行，并直接给出测量结果，构成自动测量系统。其他诸如波形存储、数

据采集、非线性校正和系统误差的消除、数字滤波、参数估计、软测量、多传感器信息融合、模式识别等方面，也都是计算机技术在自动测量领域中应用的重要成果。目前，新研制的自动测量系统大都带有微处理器。

二、自动测量在生产过程中的应用

测量是人类认识和改造客观世界的一种必不可少的手段。无论是在科学实验中，还是在生产过程中，一旦离开了测量，必然会给工作带来巨大的盲目性。在人类的各项生产活动和科学实验中，为了了解和掌握整个过程的进展以及最后结果，经常需要对各种基本参数或物理量进行检查和测量，从而获得必要的信息，作为分析判断和决策的依据。检测技术就是利用各种物理效应，选择合适的方法与装置，将生产、科研、生活中的有关信息，通过检查与测量进行定性的了解和定量的掌握所采取的一系列技术措施。只有通过可靠准确的测量，才能判断科学实验和生产过程的正确性，才有可能进一步解决自然科学和工程技术上的问题。

自然科学的产生与发展离不开测量，现代科学技术的发展更离不开测量技术，特别是科学技术迅猛发展的今天，在电力工程、机械工程、电子通信、交通运输、军事技术等许多领域都离不开测量技术。

在我国社会主义经济建设中机械工业占有相当重要的地位，它既要以各种技术来装备各个工业领域，同时又要提供大量日用机电产品来满足人们日益增长的物质需求。经过 50 多年的努力和发展，我国不但可以生产具有尖端技术的航天、航空和航海设备，而且还可以生产各类高精确度的仪器仪表和机床等。

在火力发电厂中，为了保证机组安全、经济地运行，必须对表征热工过程状况的各种参数进行连续的检测和显示，随时向运行人员提供主、辅设备及热力系统的运行情况，以便监视生产，并将测量结果作为对生产过程控制和调节的依据。因此，热工测量是热工过程自动化的重要环节，而测量仪表常被喻为运行人员的耳目。另外，热工测量还为企业经济核算提供准确的数据。在发生事故时，异常参数的显示和记录，是事故分析和故障诊断的依据，据此可提出改进和防范措施。在机械制造行业中，通过对机床的许多静态、动态参数，如对工件的加工精度、切削速度、床身振动等进行在线测量，从而控制加工质量。在化工、电力等行业中，如果不随时对生产工艺过程中的温度、压力和流量等参数进行自动测量，生产过程就无法控制甚至发生危险。在交通领域，一辆现代化汽车装备的传感器就有十几种，分别用于测量车速、方位、转矩、振动、油压、油量、温度等。在国防科研中，测量技术用得更多，许多尖端的测量技术都是因国防工业需要而发展起来的。例如，研究飞机的强度，就要在机身和机翼上贴上几百片应变片并进行动态测量。在导弹、卫星、飞船的研制中，测量技术就更为重要，例如阿波罗宇宙飞船用了 1218 个传感器，运载火箭部分用了 2077 个传感器，对加速度、温度、压力、应变、振幅、流量、声学等进行测量。测量技术也已广泛地进入人们的日常生活中，例如：空气调节、控制房间的温度和湿度等。

总之，测量技术已广泛地应用于科学研究、国内外贸易、国防建设、交通运输、工农业生产、医疗卫生、环境保护和人民日常生活中的各个方面，起着越来越重要的作用，成为国民经济发展和社会进步的一项必不可少的重要基础技术。因而，使用先进的测量技术也就成为经济高度发展和科技现代化的重要标志之一。

从另一方面看，现代化生产和科学技术的发展也不断地对测量技术提出更新的要求和课题，已成为促进测量技术向前发展的强大动力，同时科学技术的新发现和新成果也不断应用于测量技术中，有力地促进了测量技术自身的现代化。测量技术与现代化生产和科学技术的密切关系，使它成为一门十分活跃的技术学科，几乎渗透到人类的一切活动领域，发挥着愈来愈大的作用。

自动测量系统的基本组成

自动测量系统或完整的测量装置通常是由传感元件、变换元件和显示元件组成，分别完成信息获取、变换、处理和显示等功能。图1给出了测量系统的组成框图。

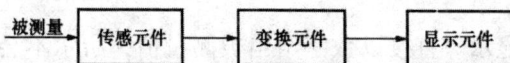

被测量 → 传感元件 → 变换元件 → 显示元件

图1　测量系统的组成

1. 传感元件

传感元件是测量系统的信号拾取部分，作用是感受被测量并将其转换成可用的规范信号输出，通常这种输出是电信号。如将温度、压力、流量、机械位移量转换成电阻、电容、电感或电势等。对传感元件的要求是：

（1）输出信号必须随被测参数的变化而变化，即要求传感元件的输出信号与输入的被测信号之间有稳定的单值函数关系，最好是线性关系。

（2）非被测量对传感元件输出的影响应小得可以忽略，否则将造成测量误差。在这种情况下。一般要附加补偿装置进行补偿或修正。

（3）传感元件应尽量少地消耗被测对象的能量，并且不干扰被测对象的状态。

2. 变换元件

变换元件是传感元件与显示元件之间的部分。它将传感元件输出的信号变成显示元件易于接受的信号。变换元件有下列功能：

（1）变换信号的数值，如放大传感元件输出的信号，以满足远距离传输处理信号以及驱动指示、记录装置的需要，如差压流量计中的开方器把传感元件输出的信号线性化。

（2）传感元件输出的物理量不适合显示元件的要求时，要通过变换元件把信号进行转换，如差压信号变换成电信号等。变换元件的性能应稳定。

3. 显示元件

显示元件在热工测量中常叫二次仪表，显示元件是人和仪表联系的主要环节，它的作用是向观测者显示被测参数的量值。因此，要求它的结构能使观测者便于读出数据。显示方式有模拟式、数字式和屏幕画面三种。

（1）模拟式显示。最常见的显示方式是仪表指针在标尺上定位，可连续指示被测参数的数值。读数的最低位由读数者估计。模拟显示设备结构简单，价格低廉，是一种常见的显示方式。模拟式显示有时伴有记录，即以曲线形式给出测量数据。

（2）数字式显示。直接以数字给出被测量值，所示不会有视差，但有量化误差。量化误差的大小取决于模/数转换器的位数，记录时可打印出数据。此种显示的形象性较差。

（3）屏幕画面显示。它是计算机技术和电视技术在测量显示上的应用，是目前最先进的显示方式。它既能按模拟式显示给出曲线，也能给出数值，或者同时按两种分式显示。它还可以给出数据表格、曲线和工艺流程图及工艺流程各处的工质参数。对于屏幕画面显示方式，生产操作人员观察十分方便，他们可以根据机组运行状态的需要任意选择监视内容，从而提高了监控水平。这类显示器可配合打印或内存、外存作记录，还可以增加在事故发生时跟踪事故过程的记录，称为事故追忆。屏幕画面显示具有形象性和易于读数的优点，但显示元件设备的投资和技术要求都比较高。

按照显示元件的功能不同，显示仪表可分为以下几类：

（1）指示被测参数的瞬时值的仪表，叫指示仪表（显示仪表）。

（2）记录被测参数随时间变化的仪表，叫记录仪表。

（3）显示被测参数对时间积分结果的仪表，叫积算仪表。

（4）反映被测参数是否超过允许限值的仪表，叫信号仪表。

（5）同一显示仪表具有多功能显示，如既能指示，又能记录和发信号并具有轮流显示、记录、报警等功能，这就是巡回检测仪表。

测量的基本方法

测量方法是基于测量原理所采用的手段。测量方法主要有六种分类。

1. 电测法和非电测法

两者的差别在于检测回路中是否含有测量信息的电信号转换。在现代测量中都是采用电测方法来测量非电量。广泛采用非电量电测法的原因是电测法可以获得很高的灵敏度和精确度，可实现远距离传输，便于实现测量过程的自动化、数字化和智能化。

2. 静态测量和动态测量

这两种测量方法是根据被测物理量的性质来划分的。静态测量是测量那些不随时间变化或变化很缓慢的物理量；动态测量是测量那些随时间而变化的物理量。静态与动态是相对的，可以把静态测量看作是动态测量的一种特殊形式。动态测量的误差分析比静态测量要复杂。

3. 直接测量和间接测量

直接测量是用预先标定好的测量仪表，对某一未知量直接进行测量，得到测量结果。例如用压力表测量压力；用万用表测量电压、电流、电阻等。直接测量的优点是简单而迅速，所以在工程上广泛应用。

间接测量是对几个与被测物理量有确切函数关系的物理量进行直接测量，然后把所得到的数据代入关系式中进行计算，从而求出被测物理量。间接测量方法比较复杂，一般在直接测量很不方便或无法进行时才采用间接测量。

4. 接触测量和非接触测量

接触测量是指测量时仪器的传感元件与工件表面或工质直接接触。

非接触测量是指测量时仪器的传感元件与工件表面或工质不直接接触。一般利用光、气、磁等中介物理量使传感元件与工件表面或工质产生联系。

5. 绝对测量和相对测量

绝对测量是指能直接从计量器具的读数装置读出被测量数值的测量，如用千分尺测量轴的直径等。

相对测量又称比较测量。先用标准器具调整计量器具的零位，测量时由仪器的读数装置读出被测量相对于标准器具的偏差，被测量的整个量值等于所示的偏差与标准量的代数和。

6. 在线测量和离线测量

在线测量又称主动测量，是在生产过程中进行的测量，它可直接测量生产过程中的参数或用来控制生产过程。离线测量又称被动测量，它是在非生产过程进行的测量。

测量系统的误差和质量指标

一、误差的表达形式

被测物理量所具有的客观存在的量值，称为真值。真值是在某一时刻和某一状态下，被测物理量的效应体现出的客观值或实际值，这是一个理想的概念，一般无法得到，实际测量中常用高精确度的测量值或平均值代表真值。所谓误差就是测量值和真值的差异。误差一般有两种表达形式。

1. 绝对误差

被测量的测量结果与真值之差称为绝对误差。

$$绝对误差 = 被测量的测量结果 - 真值 \qquad (1)$$

在被测量值大小相近时用绝对误差来说明测量误差是比较清楚的，但是当被测量值相差悬殊时，单纯用误差的绝对大小就很难确切地说明哪一个测量质量更高了。例如：测量100℃温度时的绝对误差为1℃，而测量1000℃温度时的绝对误差为5℃，当然绝对误差为1℃要比绝对误差为5℃小，但在两个被测量值相差悬殊的前提下是不宜用绝对误差比较的，而应是从被测量值大、容许的绝对误差大这一相对性出发，提出相对误差的概念。

2. 相对误差

相对误差有三种表达方式：

（1）实际相对误差

$$实际相对误差 = \frac{绝对误差}{真值} \times 100\% \qquad (2)$$

（2）示值相对误差

一般工程上所指的相对误差都以测量仪表的示值代替真值，这样计算所得到的相对误差实际上是示值相对误差。

$$示值相对误差 = \frac{测量示值的绝对误差}{测量示值} \times 100\% \qquad (3)$$

（3）引用相对误差

为了工程上计算简便、合理，并且便于划分仪表的精确度等级，提出了引用相对误差的概念。

$$引用相对误差 = \frac{绝对误差}{仪表量程} \times 100\% \qquad (4)$$

仪表量程是仪表同一测量档的刻度上限值和刻度下限值的差值。

二、误差的分类

按测量误差的性质来划分，可分为系统误差、随机误差和粗差。

1. 系统误差

定义：在相同条件下（指人员、仪表和环境等条件）多次测量同一被测量值过程中，误差值的大小和符号保持不变或者条件变化时按某一确定的规律变化的误差。

系统误差的大小表明测量结果偏离实际值的程度，可用"正确度"一词表征。

2. 随机误差

定义：在相同条件下，多次测量同一被测量值过程中，误差值的大小和符号总以不可准确预计的方式变化（时大时小，时正时负，没有确定规律），但具有抵偿性的误差。它是由于测量过程中某些尚未认知的原因或无法控制的因素所引起的，其大小、方向难以预测，无一定规律可循。所谓抵偿性，是指单次测量时误差无规律，即误差值有正负相消的机会，即单次测量不确定，但随着测量次数的增加，误差平均值趋于零。

随机误差的大小表明了测量结果的"精密度"，即重复测量同一量值时各个测量值之间相互接近的程度，或随机误差弥散的程度。测量的精密度越高，表明测量结果的重复性越好。

3. 粗差

粗差又称疏忽误差、粗大误差或过失误差。

定义：明显歪曲了测量结果的误差。通常是由于观察者对仪表不了解或思想不集中、疏忽大意导致错误的读数或不正确的观测所引起的，或测量条件的突然变化，或测量条件未达到预定的要求指标而匆忙测量等，都会带来粗差，如读错数、操作失误、记错数等，其误差值一般远大于正常条件下的误差值，无规律，出现次数极少。

含有粗差的测量值称为坏值或异常值。正确的测量结果不应包含粗差，实际测量中必须根据统计检验方法的某些准则去判断一组测量中哪个测量值是坏值，并在数据记录中将所有的坏值都予以剔除。

三、误差的判别与减少误差的方法

（一）系统误差

1. 系统误差判别

为了进行正确的测量，取得可靠的测量数据，在测量及测量过程中，必须尽量消除或减小系统误差，才能有效地提高测量精确度。但是形成系统误差的因素相当复杂或难以查明所有的系统误差，因此提出了如何发现系统误差的问题。下面介绍一些常用的发现恒值系统误差的判别方法。

（1）比较法。用多台同类或相近的仪表对同一被测量值进行测量，分析测量结果的差异来判断系统误差是否存在，以便提供一致性的数据。但该法只能说明一种仪表相对于另一种仪表有恒值系统误差，一般不能说明哪一种仪表存在误差。

（2）改变测量条件法。当系统误差与许多影响量有关并且在某一测量条件下为一确定不变的值，若改变测量条件为另一确定值时，这就是属于随测量条件而变化的系统误差。利用这一性质，即可通过改变测量条件得到几组测量数据，通过分析比较可以判断是否存在系统误差。为进一步确定这种系统误差的大小，可选用更高精确度的标准表与被测量表同时测量一个被测量，若标准仪表显示值为 x_0，被测量仪表显示值为 x，测量次数 n 个，则测量仪表的系统误差 Δ 为

$$\Delta = x - x_0 = \frac{1}{n}\left(\sum_{i=1}^{n} x_i - \sum_{i=1}^{n} x_{0i}\right) \tag{5}$$

（3）理论计算与分析法。对于因测量方法或测量原理引入的恒值系统误差，可通过理论计算与分析的方法来发现并加以修正。

（4）残差分析法。把测量值的残差按测量值先后排列，若其大小和符号有规律地变化，就可直接由误差数据或误差曲线来判断有无系统误差。这种方法主要适用于发现有规律变化的系统误差。当偶然误差较系统误差显著时，就不能通过观察法发现系统误差，而只能借助于一些判据加以判别。

（5）马里科夫（Маликов）判据。按测量先后顺序将等精确度测量得到的一组测量值 $x_1, x_2, \cdots, x_n$ 排列好，求出其相应的残差 $\nu_1, \nu_2, \cdots, \nu_n$，并将这些残差分为前后两组求和（两组数目相等），然后求两组残差和的差值 M，即

$$M = \sum_{i=1}^{k} \nu_i - \sum_{i=k+1}^{n} \nu_i \tag{6}$$

式中，当 n 为偶数时，$k = n/2$；当 n 为奇数时，$k = (n+1)/2$。

若计算出 M 显著不为 0，即差值 M 与残差 ν_i 相当或更大，则说明测量中存在线性系统误差（又称累进性系统误差）。该判据对线性系统误差很容易判断。

（6）阿贝—赫梅特（Abbe - Helmert）判据。该判据适用于判别周期性误差。设一组等精确度测量值为 $x_1, x_2, \cdots, x_n$，相应残差为 $\nu_1, \nu_2, \cdots, \nu_n$，令 $A = \left|\sum_{i=1}^{n-1} \nu_i \nu_{i+1}\right|$，若

$$A > \sqrt{n-1}\,\sigma^2 \tag{7}$$

则认为测量中存在周期性系统误差。

2. 消除或减小系统误差的方法

（1）修正法。在测量前预先对测量装置进行标定或检定，求出误差，再取与误差值大小相等、符号相反的值作修正值。在测量过程中，将实际测量

值加上修正值，即可得到不包含系统误差的测量结果。

（2）消除法。这是消除系统误差的根本方法，要求测量人员对测量过程中可能产生的系统误差的因素、环节做细致分析，并在测量前尽量将误差从产生根源上加以消除。例如，为了防止测量过程中仪表零点变动，在测量开始后或结束时都必须检查零点；在测量某物理参数时，从被测物体获取能量不应改变其工作状态；选取观测位置消除视差，在外界条件较稳定时读数；使用仪表时，正确选择仪表型号和量程等。

（3）补偿法。例如用热电偶测量温度时，热电偶冷端温度变化会引起系统误差，消除方法之一是在测量回路中加一个冷端温度补偿器。

（4）采取适当的测量方法。在实际测量中，选择适当的测量方法，使系统误差可以抵消而不带入测量值中去。常用的方法有：

1）抵消法。将测量中的某些条件（如被测物的位置）相互交换，使产生系统误差的原因对测量结果起相反的作用，从而抵消误差。

2）置换法。在一定测量条件下，选择一个已知的适当大小的标准量去替换被测量，并通过调整标准量来保证仪表的示值不变，这时被测量的值就等于标准量的值。只要测量装置的灵敏度足够高，就可达到消除系统误差的目的。

3）零位法。用被测量与标准量直接进行比较，用指零仪指示仪表平衡状态，调整标准量使之与被测量相等，测量系统达到平衡，指零仪表指零。只要检测系统具有足够灵敏度，就能由标准量的示值得到被测量，电位差计测量热电势就是采用零位法。

4）微差法。用与被测量相近的固定不变的标准量与被测量相减，取得微小的差值，再对这微小的差值进行测量。此法由于差值远远小于标准量，故测量微差的误差对被测量影响极小，其测量误差主要由标准量的精确度决定。

（5）用对称测量法消除线性系统误差。对于随影响量（如时间、温度）作线性变化的系统误差，可在选择的中心测量点两侧分别进行两次对称测量。因两次测量的系统误差值大小相等、符号相反，取两次测量结果的算术平均值即可消除系统误差的影响。

（6）用半周期偶数测量法消除周期性系统误差。对于周期性系统误差（可表示为 $\Delta = a\sin\dfrac{2\pi t}{T}$，$t$ 为决定周期性误差的因素，如时间、角度等，T 为误差变化的周期），由于相隔 $T/2$ 的两次测量的误差大小相等而符号相反，故可以用相隔半个周期测量一次，取相邻两次测量值进行算术平均来消除系统误差。该方法广泛用于测角仪器上，其度盘的对径上装有一对或数对读数装置，故又称对径测量法。

（7）周期检定法消除渐变误差。渐变误差的变化往往具有随机性，故不能采用一次性检定修正的办法去减小或消除。工程上常用的方法是将仪表定期与标准量（或标准表）比对或受检，并根据检定或比对结果去调整仪表零点和量程，将渐变误差限制在允许值以内，即仪表实际精确度不低于标准精确度。校准周期主要取决于渐变误差变化速度（曲线斜率）及允许的误差限。

（二）随机误差

1. 随机误差的特性

随机误差是由测量过程中很多暂时未能掌握或不便掌握的许多独立的、微小的偶然因素（如测量装置、环境和人员方面原因）所引起的，因此对同一参数在相同条件下进行多次等精确度测量时，得到的是一系列不完全相同的测量值，每个测量值都会有误差。从每个测量结果来看，这些误差的出现似乎没有确定的规律，即由前一个误差的出现不能预计下一个误差的大小和方向，但从多次重复测量的结果看或就误差的整体而言，却具有统计规律。

若在测量结果中不包括系统误差和粗大误差，则测量列中的随机误差的分布图形一般有如下四个特点：

（1）对称性。随机误差出现的概率，即绝对值相等的正误差和负误差出现的次数相等，以零误差为中心呈对称分布。重复测量的次数越多，则误差分布图形的对称性越好。

（2）单峰性。绝对值小的随机误差比绝对值大的随机误差出现的概率大。从概率分布曲线看，零误差对应误差概率的峰值。

（3）有界性。在一定条件下，随机误差的绝对值不会超过一定的范围或出现的概率近乎为零。

（4）抵偿性。在同样条件下，对同一量的测量，随着测量次数的增加，随机误差的算术平均值（或总和）趋向于零。该特性是随机误差的最本质特性，换言之，凡具有抵偿性的误差，原则上都可以按随机误差处理。

2. 减小随机误差的方法

产生随机误差的原因是很多独立因素综合作用引起的，而且这些独立因素所起的作用也往往是随机的，因此随机误差很难消除。如仪表的活动零件与静止零件间的摩擦、振动、电噪声、热噪声等都会使仪表产生随机误差。

对于已知的因素可以采取一定的对策，例如加大驱动力，减少摩擦因素的影响，采用隔振措施减小振动的影响，利用电、磁、热屏蔽等办法减小干扰因素的影响。在使用仪表时，可以通过对同一被测量增加测量次数取平均值的方法，有效地减小随机误差。此外，选用以微处理机为核心的智能仪表，利用数字滤波法也可减小随机误差。

（三）粗大误差

粗大误差又称粗差，产生的原因主要有测量人员的主观原因（如经验不足、操作不当等）和测量条件意外变化（如机械振动、电网电压突然波动等）。粗差的数值一般比较大，必然会对测量结果产生明显的歪曲，一旦发现含有粗差的测量值，应将其从测量结果中剔除。另一方面，即使是一组正确的测量也有分散性，它客观地反映了测量对象的随机波动特性，若人为剔除一些误差较大的值也是不恰当的。因此，在判断测量值中是否含有粗差时应特别慎重。

就方法而言，一种是物理判别法，即在测量过程中读错、记录错误、仪表突然受到振动时，随时发现随时就剔除，然后重新测量。另一种是统计法判别，在整个测量完成后不能确定哪一个测量值是坏值或对怀疑为异常的值又找不出产生这种异常数据的明确原因时才采用。统计法的基本思想在于：给定一个置信概率（例如0.99）并确定一个置信限，凡超过这个限值的误差就认为它不属于随机误差范畴，而是粗差，应予以剔除。

对粗大误差，除了采用从测量结果中加以判别和剔除外，更重要的是做到以下几点：加强测量者的工作责任心，提高测量操作技能，以严格的科学态度对待测量工作；保证测量条件满足和稳定，或者避免在外界条件发生剧烈变化时进行测量；为了及时发现或防止产生粗差，还可采用不等精确度测量或相互之间的校核方法，如对某量进行测量时，可用两台仪表或两种不同方法，由两位测量者进行测量、读数和记录。

四、测量系统的质量指标

1. 允许误差

仪表出厂时应保证它的误差不超过某一规定值，该规定值叫做仪表的允许误差。允许误差以引用相对误差的形式表示。

2. 精确度

测量误差的存在影响了测量结果的准确性。对任何一次有意义的测量，都要尽量减小误差对测量结果的影响。常用精密度和正确度来衡量测量结果与被测参数真值之间的精确程度。

（1）精密度。精密度表征了对同一被测量在相同条件下，使用同一仪表，由同一操作者进行多次重复测量所得测量值彼此之间接近的程度，也就是说，它表示测量重复性的好坏。精密度反映随机误差的影响。随机误差小，测量的重复性就好，精密度也高；反之重复性差，精密度也低（如手枪打靶：打靶成绩为 7 环、8 环和 7 环的精密度就比打靶成绩为 7 环、10 环和 7 环的精密度要高）。

（2）正确度。正确度表示测量值与被测量真值之间的符合程度。正确度反映了系统误差的影响，误差愈小，正确度愈高；反之误差愈大，正确度愈低（如手枪打靶：打靶成绩为 7 环、10 环和 7 环的正确度就比打靶成绩为 7 环、8 环和 7 环的正确度要高）。

（3）仪表的精确度等级。精确度就是精密度和正确度的综合描述。它反映测量结果与真值的一致程度。而仪表的精确度等级则是按国家统一规定的允许误差大小划分的，国家统一规定的允许误差去掉百分号就是仪表的精确度等级数字。

划分的仪表精确度等级系列大致为…0.02、0.04、0.05、0.1、0.2、0.5、1.0、1.5、2.5、4.0…。数字愈小，精确度愈高。

仪表在出厂时，不仅要在产品说明书中说明仪表的精确度等级，而且还要在仪表的表盘上标出等级数字。例如，在仪表指示面板上刻有 1.0 数字，表明该仪表的精确度等级为 1.0 级，其允许误差为 ±1.0%，即该仪表的允许误差不超过该仪表量程的 ±1.0%。一台合格的仪表，其误差要小于或等于该仪表的允许误差，否则为不合格仪表，应酌情降级使用。

例如某一温度表的精确度等级为 1.0 级，量程为 100~1100℃，那么在测量中可能产生的仪表误差不应超过量程的 1%，仪表的各处示值的绝对误差均不允许超过 (1100－100) × (±1.0%) = ±10℃。

应用仪表精确度这一概念时必须注意，在测量工作中只有使用同一精确度等级且量程相同的仪表时，其仪表的允许误差才相等，与被测参数大小无关。而对同一精确度等级仪表，如果仪表量程不同，其允许误差是不同的。量程愈大，仪表允许误差（以绝对误差形式表示）愈大。故在选用仪表时，在满足被测量数值范围的前提下，尽可能选择量程小的仪表，以提高测量的准确性。仪表刻度盘的分度值不应小于仪表的允许误差（以绝对误差的形式表示）值，小于允许误差值的分度是没有意义的。

3. 变差

在外界条件不变的情况下，使用同一仪表对被测参数进行正反行程（即逐渐由小到大再由大到小）测量时，在同一被测参数值下仪表的示值却不相同，这种差异的程度用变差予以表征。变差又称回程误差和滞后误差。在全量程范围内，上下行程测量差异最大的数值与仪表量程之比的百分数为测量系统或仪表的变差。变差通常是由仪表中的弹性元件、磁性元件等滞后现象引起的，也可能是由机械元件之间的间隙等原因引起的。仪表变差不应超过允许误差。为了测出仪表变差，在校验仪表时，一般应进行上、下行程的校验。

4. 灵敏度

灵敏度是表征仪表静态特性的一个基本参数，它反映仪表对被测参数变化的灵敏程度，其值为仪表的输出信号的变化量与产生该变化量的输入信号的变化量之比。

对于具有线性刻度关系的仪表，灵敏度又是一个常数。对于非线性刻度的仪表，其灵敏度随输入量的变化而变化。

仪表的灵敏度可以通过静态校准求得。灵敏度的量纲是系统输出量量纲与输入量量纲之比。系统输出量量纲一般指实际物理输出量的量纲，而不是刻度量纲。

5. 分辨率

分辨率是与灵敏度有关的仪表的另一性能指标，它反映测量系统或仪表不灵敏的程度。所谓分辨率是指能够引起测量系统或仪表输出量发生变化所对应输入量的最小变化量。通常把不能引起输出量变化的最大输入信号的值称为仪表的不灵敏区（或死区）。

6. 线性度

仪表的线性度（非线性误差）是衡量实际特性曲线与理想特性曲线符合程度的一项指标。理想仪表的输入和输出关系曲线应是线性的，即灵敏度为常数。但实际上并非如此，实际输入和输出特性曲线往往偏离理想特性曲线。偏离程度用"线性度"加以表征，其值用仪表测量范围内实际特性曲线偏离理想特性曲线的最大偏差与仪表全量程的百分比表示。

三、现代测量技术

智能传感器

随着时代的进步，传统的传感器已经不能满足现代工农业生产，20 世纪 70 年代以来，计算机技术、微电子技术、光电子技术获得迅猛发展，加工工艺逐步成熟，新型的敏感材料不断被开发，在高新技术的渗透下，在 20 世纪 80 年代产生了基于微处理器技术的智能传感器。

一、智能传感器的概念

智能传感器具有一定的人工智能，能够用电路代替一部分脑力劳动。传感器在发展与应用过程中越来越多地和微处理器相结合，使传感器不仅具有"电五官"的功能，而且还具有了存储、思维和逻辑判断等人工智能。

传感器与微处理器结合可以通过以下两种途径来实现：一是采用微处理器或微型计算机系统以强化和提高传统传感器的功能，即传感器和微处理器可分为两个独立部分，传感器的输出信号经处理和转换后，由接口送入微处理器部分进行运算处理，这便是传感器智能化途径之一；二是借助于半导体技术把传感器部分与信号预处理电路、输入输出接口、微处理器等制作在同一块芯片上，即成为大规模集成电路智能传感器，这类传感器具有多功能、一体化、精度高、适宜于大批量生产、体积小和便于使用等优点。后者是传感器发展的必然趋势。就目前来看，已少数以组合形式出现的智能传感器作为产品投入市场，如美国霍尼韦尔公司推出的 DSTJ3000 就是一种智能差压和压力传感器。

无论是传感器智能化或是智能传感器，都是指具有检测和信息处理功能的传感器。

二、智能传感器的结构

智能传感器的结构可用图 2 简单表示。传感器将被测的物理量转换成相应的电信号，送到模拟量输入通道，进行滤波、放大、模-数转换后，送到微处理器中。微处理器是智能传感器的核心，它不但可以对传感器测量数据进行计算、存储、数据处理，还可以通过反馈回路对传感器进行调节。与传统的传感器相比，智能传感器将传感器输出的模拟信号转换为数字信号，利用计算机系统丰富的软、硬件资源达到检测自动化和智能化的目的。由于计算机充分发挥各种软件的功能，可以完成硬件难以完成的任务，从而大大降低传感器制造的难度，提高传感器的性能，降低成本。

智能传感器由硬件和软件两大部分组成。

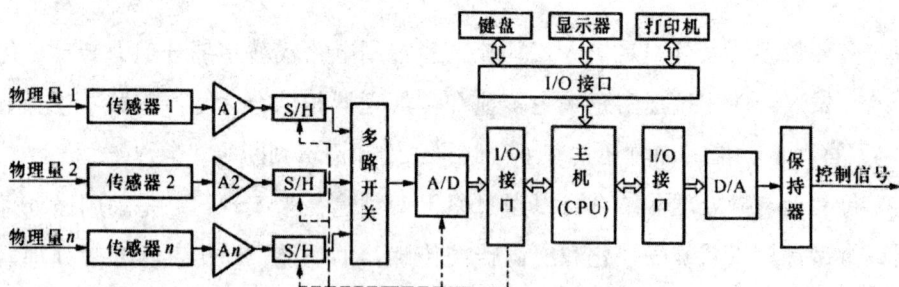

图 2　智能传感器的结构框图

1. 硬件部分

智能传感器的硬件主要由主机电路、模拟量输入输出、人机联系部件及其接口电路、标准通信接口等组成。

（1）主机部分。主机部分通常由微处理器 CPU、存储器、输入输出 I/O 接口电路组成，或者其本身就是一个具有多种功能的单片机。由于智能传感器对主机电路控制功能的要求更强于对数据处理速度和容量的要求，因此目前我国的智能传感器广泛采用 8 位的 MCS—51 系列单片机作为其主机电路。

微处理器 CPU 是智能传感器的核心，它作为控制单元，控制数据采集装置进行采样，并对采样数据进行计算及数据处理，如数字滤波、标度变换、非线性补偿、数据计算等等。然后，把计算结果进行显示和打印。

（2）模拟量输入输出部分。模拟量输入输出部分用来输入输出模拟量信号，主要由传感器、相应信号处理电路、转换器、输入输出 I/O 接口等几部分组成。其中，传感器把被测物理量转换为电信号输出，信号处理电路将传感器输出的微弱电信号进行适当放大、滤波、调制、电平转换和隔离屏蔽等，提高信号质量，以满足转换器的转换要求，转换器包括 A/D 和 D/A 转换器。

在智能传感器中，无一例外地采用 CPU 作为核心。CPU 能处理的只能是数字量，而绝大多数传感器输出的都是模拟量，同时要求智能传感器的输出量也为模拟量，以便送入执行机构，对被控对象进行控制或调节，这就使得 CPU 与其外围电路之间存在模拟量与数字量之间转换的问题。因此，A/D 及 D/A 转换电路是智能传感器中必不可少的部分。A/D 转换电路是把模拟电信号转换成 CPU 可以接受的数字量信号，D/A 转换电路则是把 CPU 处理后的数字量信号转换成模拟信号输出。

（3）人机联系部分。人机联系部分的作用是沟通操作人员和传感器之间的联系，主要由传感器面板中的键盘、显示器等组成。

（4）标准通信接口。标准通信接口用于实现智能传感器与通用型计算机的联系，使传感器可以接受计算机的程控指令，较易构成多级分布式自动测控系统（集散控制系统）。目前生产的智能传感器一般都配有 GP—IB、RS232C、RS485、USB 等标准通信接口。

2. 软件部分

智能传感器的软件主要包括监控程序、接口管理程序和数据处理程序三大部分。监控程序面向传感器面板的键盘和显示器，帮助实现由键盘完成的数据输入或功能预置、控制以及由显示器对 CPU 处理后的数据以数字、字符、图形等形式显示等任务。接口管理程序主要通过控制接口电路的工作以完成数据采集、I/O 通道控制、数据存储、通信等任务。数据处理程序主要完成数据滤波、运算、分析等任务。

3. 智能传感器中的信息处理技术

传感器输出的模拟量经 A/D 转换器转换后变成数字量送入计算机，这些数字量在进行显示、报警及控制之前，还必须根据需要进行一些加工处理，如量程自动转换、标度变换、自动校准、数字滤波及非线性补偿等，以满足各种不同的需要。以上这些处理也称为软件处理。

（1）量程自动转换。如果传感器和显示器的分辨率一定，而仪表的测量范围很宽，为了提高测量精确度，智能化仪表应能自动转换量程。多回路检测系统中，当各回路参数信号不一样时，为保证送到计算机的信号一致（0～5V），也必须能够进行量程的自动转换。

量程自动转换是指采用一种通用性很强的可编程增益放大器 PGA，根据需要通过程序调节放大倍数，使 A/D 转换器满量程信号达到一致化，因此大大提高测量精确度。

（2）标度变换。生产过程中的各个参数都有着不同的量纲和数值，根据不同的检测参数，采用不同的传感器，就有不同的量纲和数值。如检测常用热电偶，温度单位为℃。且热电偶输出的热电势也各不相同，如铂铑—铂热电偶在 1600℃时，其电势为 16.677mV，而镍铬—镍铬热电偶在 1200℃时，其电势为 48.87mV。又如测量压力用的弹性元件有膜片、膜盒以及弹簧管等，其压力范围从几帕到几十帕。所有这些参数都经过传感器及检测电路转换成 A/D 转换器所能接受的 0～5V 统一电压信号，又由 ADC 转换成 0000H～0FFFH（12 位）的数字量，以便于 CPU 进行各种数据的处理。为进一步进行显示、记录、打印以及报警等，必须把这些数字量转换成与被测参数相对应的参量，便于操作人员对生产过程进行监视和管理，这就是所谓的标度变换，也称为工程量变换。标度变换有各种不同类型，它取决于被测参数测量传感器的类型，应根据实际情况选择适当的标度变换方法。

（3）自动校准。在智能传感器的测量输入通道中，一般均存在零点偏移和漂移，产生放大电路的增益误差及器件参数的不稳定等现象，他们会影响测量数据的准确性，这些误差属于系统误差，必须对这些误差进行校准。自动校准包括零点自动校准和增益自动校准。其中零点自动校准是在零输入信号时，由于零漂的存在，输入不为零，预先将它检测出来并存入内存单元。

在检测传感器输出值时再从检测值中扣除这个零位漂移值的影响。而增益自动校准是在输入标准信号时，记录检测值和标准信号的比值，即标准增益，预先将它存放在内存单元中，在检测传感器输出值时用此标准增益进行修正，以消除由于增益变化所带来的影响。

（4）数字滤波。由于被测对象所处的环境比较恶劣，常存在干扰源，如环境温度、电场、磁场等，在测量信号中往往混有噪声、干扰等，使测量值偏离真实值。对于各种随机出现的干扰信号，在智能传感器中，常通过一定的计算程序，对多次采样信号构成的数据系列进行平滑加工，以提高其有用信号在采样值中所占的比例，减少乃至消除各种干扰及噪声，从而保证系统工作的可靠性，这就是数字滤波。

数字滤波的方法很多，如算术平均法、加权平均法、中值法、系数滤波法、统计法等等。这里仅以算术平均滤波为例进行说明。

算术平均滤波是指利用智能仪表中的微处理器对某点参数作连续 n 次采样测量，获得参数值 $x_1, x_2, x_3, \cdots, x_n$，然后求取其平均值作为该点参数的测量值，它可以有效地减小或消除压力、流量参数中的周期性脉动干扰。

（5）非线性补偿。在许多智能化传感器中，一些参数往往是非线性参数，常常不便于计算和处理，有时甚至很难找出明确的数学表达式。例如在温度测量系统中，热电阻及热电偶与温度之间的关系，即为非线性关系，很难用一个简单的解析式来表达。在某些时候，即使有较明显的解析表达式，但计算起来也相当麻烦。例如在流量测量中，流量孔板的差压信号与流量之间也是非线性关系，即使能够用公式计算，但开方运算不但复杂，而且误差也比较大。

对于诸如此类的问题，在智能仪表中可以采用软件进行非线性补偿。具体的实施方法是，先找出输入与输出关系的数学模型（如数学方程式），或在线检测时用回归法拟合数学公式，存入内存中。测量时，只要把传感器的输出送入微处理器进行数据处理，即能把实际测量结果输出，从而完成传感器的输出补偿，提高测量的准确度。

（6）温度误差补偿。对于高精度传感器，温度误差已成为提高其性能指标的严重障碍（如硅压阻、应变式、间隙电容式传感器等），尤其在环境温度变化较大的应用场合更是如此。依靠传感器本身附加一些简单的硬件补偿措施实现温度补偿是很困难的。在智能传感器中，由于引入了微处理器，通过精确建立温度误差的数学模型可以利用软件就可很容易实现温度误差补偿。

4. 结构特点

与传统的传感器相比，智能化传感器具有以下特点。

（1）开发性强，可靠性高。计算机软件在智能传感器中起着举足轻重的作用。它不仅对信息测量过程进行管理和调节，使之工作在最佳状态，而且利用计算机软件能够实现硬件难以实现的功能，因为以软件代替部分硬件，可降低传感器的制作难度。

在不增加硬件设备情况下，以软件替代硬件，通过开发不同的应用软件使测量系统实现不同的功能，使得智能传感器的研制开发具有费用低、周期短等特点；同时由于"硬件软化"的效果，减少了硬件电路和所用元器件数目，也就减少了故障发生率，提高了传感器的可靠性。

（2）改善了仪表性能，提高了测量精确度。利用微处理器的运算、逻辑判断、统计处理功能，可对测量数据进行分析、统计和修正，还可进行线性、非线性、温度、噪声以及漂移等的误差补偿，提高了测量准确度，极大地改善仪表的性能。

（3）智能化。传感器的智能化表现在：①具有自诊断、自校准功能，可在接通电源时进行开机自检，可在工作中进行自检，并可实时自行诊断测试以确定哪一组件有故障，提高了工作可靠性。②具有自适应、自调整功能，可根据待测物理量的数值大小及变化情况自动选择测量量程和测量方式，提高了测量的适用性。③具有记忆、存储功能，可进行测量数据的随时存取，加快了信息的处理速度。④具有组态功能，可实现多传感器、多参数的复合测量，扩大了测量与使用范围。⑤可通过改变程序或采用可编程的方法增减传感器功能和规模来适应不同环境和对象，甚至达到改变传感器性质的目的。这些都是传统传感器无法实现的。目前有些智能传感器还运用了专家系统技术，使传感器可根据控制指令或外部信息自动地改变工作状态，并进行复杂的计算、比较推理，使之具有较深层次的分析能力，帮助人们思考，具有类似人的智能。

（4）具有友好的人机对话界面。操作人员通过键盘输入命令，智能传感器通过显示器显示仪表的运行情况、工作状态以及对测量数据的处理结果，使得人机联系非常密切。

（5）具有数据通信功能。智能化传感器具有数据通信功能，采用标准化总线接口，可方便地与网络、外设及其他设备进行数据交换，提高了信息处理的质量。

总之，智能传感器使得自动化测量技术变得更加灵活，更为经济有效，适应多种要求，具有多功能、高性能和高可靠性等优点。

三、智能模糊传感器

模糊传感器是顺应人类的生活实践、生产和科学的需要而提出的，并得到迅速的发展。它是在经典数值测量的基础上，经过模糊推理和知识合成，以模拟人类自然语言符号描述的形式输出测量结果的一种新型智能传感器。它的核心部分是模拟人类自然语言符号的产生及其处理部件。

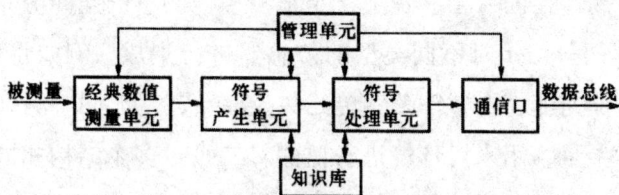

图 3 模糊传感器的结构功能示意图

图 3 是模糊传感器的简单结构功能示意图。其中，经典数值测量单元的作用是提取传感信号，并对其进行滤波等数值预处理。符号产生和处理单元是模糊传感器的核心部分，它的作用是利用存放在知识库中的知识或经验，对已恢复的传感器传感信号进一步处理，得到符号测量结果。符号处理单元的作用是采用模糊信息处理技术，对模糊化后得到的符号形式的传感信号，

结合知识库内的知识（主要有模糊判断规则、传感信号特征、传感器特性及测量任务要求等信息），经过模糊推理和运算，得到被测量的符号描述结果及其相关知识。模糊传感器可以经过学习新的变化情况（如任务发生改变，环境变化等等）来修正和更新知识库内的信息。

模糊传感器的"智能"表现在它可以模拟人类感知的全过程。它不仅具有智能传感器的一切优点和功能，而且具有学习推理的能力，具有适应测量环境变化的能力、能够根据自我管理和调节的能力。模糊传感器的作用应当与一个丰富经验的测量工人的作用是等同的，甚至更好。

模糊传感器的突出特点是具有强大的软件功能，它与一般智能传感器的根本区别在于模期传感器具有实现学习功能的单元和符号产生、处理单元，能够实现专家指导下的学习和符号的推理及合成，使模糊传感器具有可训练性，经过学习与训练，模糊传感器可以适应不同测量环境和测量任务的要求。

四、集成式智能传感器

传感器的集成化是指将多个功能相同或不同的敏感元件制作在同一个芯片上构成传感器阵列，主要有三个方面的含义：一是将多个功能完全相同的敏感单元集成制造在同一个芯片上，用来测量被测量的空间分布信息，例如压力传感器阵列。二是对不同类型的传感器进行集成，例如将压力、温度、湿度、流量、加速度、化学等敏感单元集成在一起，能同时测到环境中的物理特性或化学参量，用来对环境进行监测。三是对多个结构相同、功能相近的敏感单元进行集成，例如将不同气敏传感元集成在一起组成"电子鼻"，利用各种敏感元对不同气体的交叉敏感效应，采用神经网络模式识别等先进数据处理技术，可以对混合气体的各种组分同时监测得到混合气体的组成信息，同时提高气敏传感器的测量精确度；这层含义上的集成还有一种情况是将不同量程的传感元集成在一起，可以根据待测量的大小在各个传感元之间切换，在保证测量精确度的同时，扩大传感器的测量范围。

1. 智能传感器的实现途径

从结构上划分，智能传感器可以分为模块式和集成式。初级的智能传感器是由许多互相独立的模块组成，如将微计算机、信号调理电路模块、数据电路模块、显示电路模块和传感器装配在同一壳结构内则组成模块式智能传感器。混合式智能传感器是将敏感元件、信号处理电路、微处理器单元、数字总线接口等环节以不同的组合方式集成在两块或三块芯片上，并装在一个外壳里，目前这类结构较多。集成化智能传感器系统是采用微机械加工技术和大规模集成电路工艺技术，利用硅作为基本材料制作敏感元件、信号调理电路、微处理单元，并把它们集成在一块芯片上而构成的。这种传感器集成度高，体积小，但目前的技术水平还很难实现。

2. 集成智能传感器的几种模式

按具有的智能化程度来讲，集成化智能传感器有初、中、高三种存在形式。

初级形式是智能传感器系统最早出现的商品化形式，因此被称为"初级智能传感器"。它是将敏感元件与智能信号调理电路（不包括微处理器）封装在一个外壳里。其中智能信号调理电路用来实现比较简单的自动校零、非线性的自动校正、温度自动补偿功能。

中级形式是将敏感元件、信号调理电路和微处理器单元封装在一个外壳里，强大的软件使它具有完善的智能化功能。

高级形式是将敏感元件实现多维阵列化，同时配备更强大的信息处理软

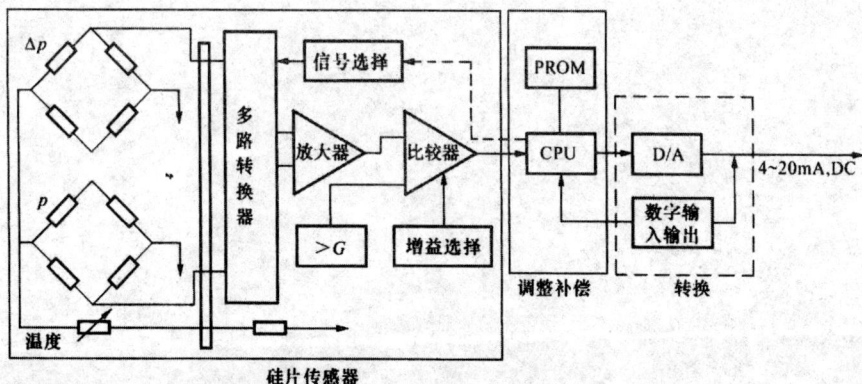

图4 DSTJ-3000型智能压力传感器方框图

件，使之具有更高级的智能化功能。它不仅具有完善的智能化功能，而且具有更高级的传感器阵列信息融合功能，或具有成像与图像处理等功能。

3. 集成智能传感器实例

美国 Honeywell 公司研制的 DSTJ—3000 型智能式差压压力传感器，是在同一块半导体基片上用离子注入法配置扩散了差压、静压和温度三种传感元件，其组成包括变送器、现场通信器、传感器脉冲调制器等，如图 4 所示。

传感器的内部由传感元件、电源、输入、输出、存储器和微处理机（8位）组成，成为一种固态的二线制（4～20mA）压力变送器。现场通信器的作用是发信息，使变送器的监控程序开始工作。传感器脉冲调制器是将变送器的输出变为脉宽调制信号。为了使整个传感器在环境变化范围内均可得到非线性补偿，生产后逐台进行差压、静压、温度试验，采集每个测量头的固有特性数据并存入各自的 PROM 中。

DSTJ—3000 型智能压力传感器的特点是量程宽，可调到 100：1（一般模拟传感器仅达 10：1）；精确度高达 0.1%。

虚拟仪表

一、虚拟仪表的基本概念

虚拟仪表 VI（Virtual Instrument）是 20 世纪 80 年代末出现的一种测量仪表，它是指以通用计算机作为系统控制器、由软件来实现人机交互和大部分仪表功能的一种计算机仪表系统。仪表的操控和测量结果的显示是借助于计算机显示器以虚拟面板的形式来实现的，数据的传送、分析、处理、存储是由计算机软件来完成的。

虚拟仪表中"虚拟"的含义表现在以下两方面。

1. 虚拟仪表面板

对于传统仪表，操作人员可以通过操纵仪表物理面板上的各种开关、按键、旋钮等来实现仪表电源的通断、通道选择、量程、放大倍数等参数的设置，通过面板上的发光二极管、数码管、液晶或 CRT 等来识别仪表状态和测量结果。

而虚拟仪表中，物理的开关、按键、旋钮以及数码管等显示器件均是由与实物外观很相似的图形控件来代替并在显示器上显示，操作人员通过鼠标或键盘来操作图形界面实现测量结果和对仪表的操控。

2. 软件编程来实现仪表功能

在虚拟仪表中，仪表的许多功能由软件编程来实现的，如测量所需要的激励信号由软件产生的数字采样序列控制 D/A 转换器产生，数字滤波等系统硬件模块不能实现的一些数据处理功能由软件编程很方便就可实现。

总之，虚拟仪表就是指在通用计算机上添加几种带共性的基本模块化仪表功能硬件，通过专用的控制软件来组合成各种功能的仪表或系统。当需要建立一个仪表系统时，只要调出仪表相应的图标，输入相关条件、参数，并用鼠标按测试流程进行链接，就完成了一套新仪表的设计工作。

二、虚拟仪表的系统构成

如图 5 所示，虚拟仪表由硬件和软件两大部分构成。

虚拟仪表的硬件通常包括通用计算机和外围硬件设备。通用计算机可以是笔记本电脑、台式计算机或工作站等。外围硬件设备可以选择 GPIB 系统、VXI 系统、PXI 系统、数据采集系统或其他系统，也可以选择由两种或两种以上系统构成的混合系统。其中，最简单、最廉价的形式是采用基于 ISA 或 PCI 总线的数据采集卡，或者是基于 RS–232 或 USB 总线的便携式数据采集模块。

虚拟仪表的软件包括操作系统、仪表驱动器和应用软件三个层次。操作系统可以选择 Windows 9x/NT/2000、SUN OS、Linux 等。仪表驱动器软件是直接控制各种硬件接口的驱动程序，应用软件通过仪表驱动器实现与外围硬件模块的通信连接。应用软件包括实现仪表功能的软件程序和实现虚拟面板的软件程序。用户通过虚拟面板与虚拟仪表进行交互。

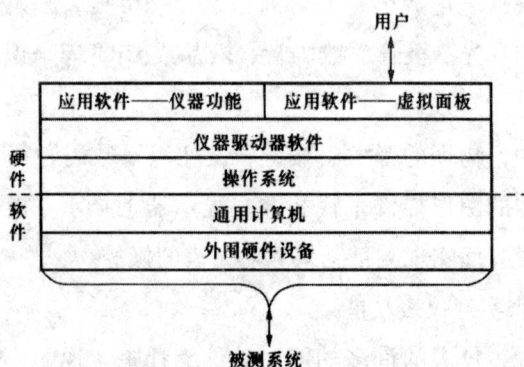

图 5　虚拟仪表的系统构成

目前，HP、NI 等公司推出了专用于虚拟仪表开发的集成开发环境，以方便仪表制造商和用户进行仪表驱动器和应用软件的开发。常用的仪表开发软件有 LabVIEW、LabWin－dows/CVI、VEE 等等。这些软件已相当完善，而且还在升级、提高。以 LabVIEW 为例，这是基于图形化编程语言 G 的开发环境，用于如 GPIB、VXI、PXI、PCI 仪表及数据采集卡等硬件的系统构成，而且，具有很强的分析处理能力。去年，LabVIEW 6i 问世，将智能化测量与控制技术进一步扩展到了 Internet。

三、虚拟仪表的特点

与传统仪表相比，虚拟仪表有以下一些特点。

1. 软件是核心

根据系统设计要求，在选定系统控制用计算机以及一些标准化的仪表硬件模块后，软件部分就成为构建和使用虚拟仪表的关键所在。用户就可以通过软件构成几乎任何功能的仪表，从这种意义上讲，甚至可以说，软件是仪表，这是对传统仪表概念的一个重要变革。

2. 灵活性和可扩展性

虚拟仪表实质上就是一台完全由计算机软件所定义的通用测量仪表。它的出现，进一步缩小了仪表制造厂商与用户之间的距离，使得用户能够根据自己不断变化的需求，自由发挥自己的想象力定义仪表的功能，方便灵活地组建更好的测量系统，并且可以很方便地升级换代。可以说，当用户的测量需要发生变化时，无需购置新的仪表设备即可轻松对其进行修改或扩展。或者只需要更新计算机或测量硬件，就能以最少的硬件投资和极少的、甚至无需软件上的升级即可改进用户的整个系统。

3. 性价比高

虚拟仪表将传统仪表中一些由硬件完成的功能转为软件来实现，减少了自动测量系统的硬件环节，降低了系统的开发成本和维护成本；虚拟仪表能够同时对多个参数进行实时高效的测量，信号传输大部分采用数字信号的形式，数据处理也主要依赖软件来实现，大大降低了环境干扰和系统误差的影响；用户可以随时根据不同的测量要求采用变更计算机软件的方法，使得测量仪表具有灵活多变的特点。因此，使用虚拟仪表比传统仪表更经济。

4. 良好的人机界面

虚拟仪表的操控界面是采用图形化编程技术设计的虚拟面板，它可以模拟传统仪表面板的风格来设计，也可以由用户根据实际需求定制设计。测量结果可以通过计算机屏幕以曲线、图形、数据或表格等形式显示出来，操作人员可以通过点击鼠标对仪表进行操作。

5. 与其他设备互联的能力

虚拟仪表通常具备标准化总线或通信接口，具有与其他设备互联的能力。例如，虚拟仪表能够通过以太网与 Internet 相连，或者通过现场总线完成对现场设备监控和管理等。这种互连能力使虚拟仪表系统的功能显著增加，应用领域明显扩大。

概括起来，虚拟仪表与传统仪表的性能差别可以用表1来描述。

表1 虚拟仪表与传统仪表的比较

虚拟仪表	传统仪表
关键是软件	关键是硬件
用户定义仪表功能	厂商定义功能
软件的应用使得开发与维护费用降至最低	开发与维护费用高
开放，灵活，与计算机技术保持同步发展	封闭、固定
技术更新周期短（1~2年）	技术更新周期长（5~10年）
与网络及其他周边设备互连方便	功能单一，互连能力有限
价格低，可复用，可重配置性强	价格昂贵

现场总线仪表

现场总线仪表是未来工业过程控制系统的主流仪表，它与现场总线是组成 FCS 的两个重要部分。本节以现场总线差压变送器为例简单介绍其工作原理及其组成的测控系统。

一、现场总线差压变送器

1. 工作原理

现场总线差压变送器采用电容式传感器（电容膜盒）作为差压感受部件，其结构及原理见前面相关内容。电路工作原理参见图 6，每一部分的功能描述如下：

（1）振荡器。产生一个频率与传感器电容有关的振荡信号；

（2）信号隔离器。将来自 CPU 的控制信号和来自振荡器的信号相互隔

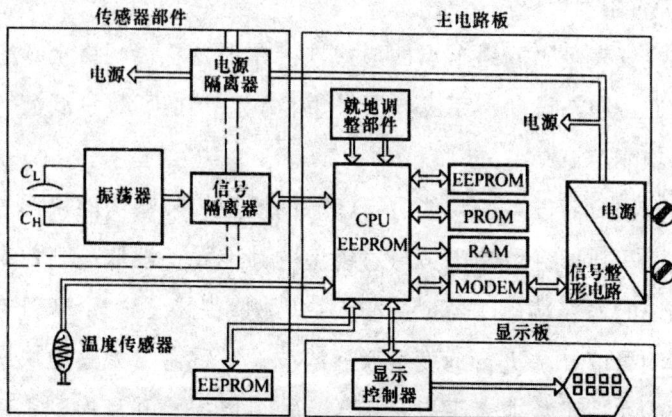

图 6　现场总线差压变送器的电路原理方框图

离，以免共地干扰；

（3）CPU、RAM 和 PROM。CPU 是变送器的智能部件，它负责完成测量工作、功能块的执行、自诊断以及通信任务。程序储存在 PROM 中，为了暂存中间数据，设有 RAM。如果电源失去，RAM 中的数据就会丢失。但 CPU 还有一个内部非易失存储器 EEROM，在那里保存着那些必须要保留的数据，例如调校、组态以及识别数据；

（4）EEROM。在传感器部件中另有一个 EEROM，它保存着不同压力和温度下传感器的特性数据。每只传感器都在制造厂进行标定。主电路上的 EE-ROM 用来保存组态参数；

（5）MODEM。监测链路活动，调制和解调通信信号，插入和删除起始标志和结束标志；

（6）电源。由现场总线上获得电源，为变送器的电路供电；

（7）电源隔离器。与输入部分的信号隔离类似，送至输入部分的电源也必须隔离；

（8）显示控制器。接收来自 CPU 的数据，控制液晶显示器各段的显示。控制器还提供各种驱动控制信号；

（9）就地调整部件。就地调整部件有两个可用磁性工具调整的磁性开关，因而没有机械和电气接触。

2. 应用介绍

现场总线仪表是以网络节点的形式挂接在现场总线网络上，它采用功能块的结构，通过组态设计，完成数据采集、A/D 转换、数字滤波、压力温度补偿等各种功能。

功能块是用户对设备的功能进行组态的模型。某些功能块通过转换块直接生成硬件读写数据，块输出可由总线上的其他设备读取，其他设备也可以把数据写到块的输入端。以模拟量输入块为例，它接受一个来自转换块的变量，即实际测量值，并进行标度变换、滤波，然后输出为其他块所用。输出可以是输入的线性函数或者平方根函数。块可以报警并且换到手动，以便迫使输出成为一个可调整的值。

功能块有输入、输出、内含等三类参数。输入参数是功能块接收到要处理的值，输出参数是可送给其他块、硬件或者使用者的处理结果，内含参数是用户块的组态、运行和诊断。在现场总线系统中，用户可以把这些功能块连接起来组态一定的控制策略实现相应的功能。控制策略的组态是把功能块的输出与其他功能块的输入连接在一起，当这种连接完成之后，后一个功能块的输入就由前一个功能块的输出"拉出"数值，因而获得它的输入值。处于同一个设备或不同设备的两个功能块之间均可连接。一个输出可以连接到多个输入，这种连接是纯软件的，对一条物理导线上可以传输多少连接基本上没有限制。内含变量不能建立连接。

功能块输出值总是伴随着一些状态信号，例如来自传感器的数值是否适合于控制，输出信号是否最终正确地驱动了执行器。这样，接收功能块就可以采用适当的动作。

二、现场总线仪表构成的测控系统

现场总线种类繁多，但不失一般性，基于任何一种现场总线系统，由现场总线测量、变送和执行单元组成的网络化系统可表示为图7所示的结构。

现场总线网络测控系统目前已在实际生产环境中得到成功的应用，由于

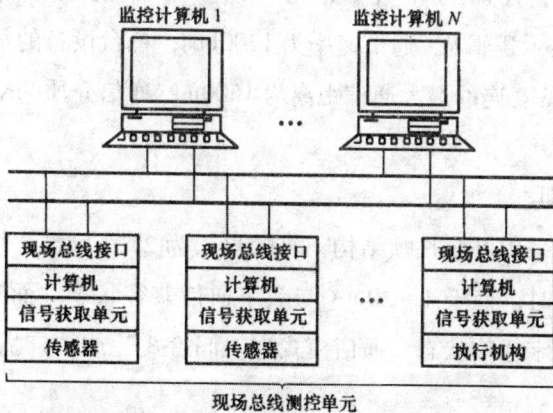

图7　基于现场总线技术的测控网络

其内在的开放式特性和互操作能力，基于现场总线的 FCS 系统已有逐步取代 DCS 的趋势。

三、现场总线协议

目前的智能化传感器系统本身尽管全都是数字式的，但其通信协议却仍需借助于 4～20mA 的标准模拟信号来实现。一些国际性标准化研究机构目前正在积极研究推出相关的通用现场总线数字信号传输标准。不过，在眼下过渡阶段仍大多采用远距离总线寻址传感器（HART）协议，这是一种适用于智能化传感器的通信协议，与目前使用 4～20mA 模拟信号的系统完全兼容，模拟信号和数字信号可以同时进行通信，从而使不同生产厂家的产品具有通用性。

HART 是可寻址远程传感器数据通路（Highway Addressable Remote Transducter）的缩写。最早由 Rosemount 公司开发，得到了 80 多家仪表公司的支持，并于 1993 年成立了 HART 通信基金会。HART 协议参考了 ISO/OSI 参考模型的物理层、数据链路层和应用层。

1. 物理层

在物理层采用基于 Bell 202 通信标准的频移键控 FSK 技术。在现有的 4～20mA 模拟信号上叠加 FSK 数字信号，以 1200Hz 的信号表示逻辑 1，以 2200Hz 的信号表示逻辑 0，通信速率为 1200bps，单台设备的最大通信距离为 3000m，多台设备互连的最大通信距离为 1500m，通信介质为双绞线，最大节点数为 15 个。

2. 数据链路层

数据链路层采用可变长帧结构，每帧最长为 25 个字节，寻址范围为 0～15。当地址为 0 时，处于 4～20mA 与数字通信兼容状态。而当地址为 1～15 时，则处于全数字通信状态。通信模式为"问答式"或"广播式"。

3. 应用层

应用层规定了三类命令：第一类是通用命令，适用于遵循 HART 协议的所有产品；第二类称为普通命令，适用于遵循 HART 协议的大多数产品；第三类成为特殊命令，适用于遵循 HART 协议的特殊设备。另外 HART 还为用户提供了设备描述语言 DDL（Device Description Language）。

四、现场总线仪表的特点

与传统测控仪表相比，基于现场总线仪表单元具有如下优点：

（1）彻底网络化：从最底层的传感器和执行器到上层的监控/管理系统均通过现场总线网络实现互联，同时还可进一步通过上层监控/管理系统连接到企业内部网甚至 Internet。

（2）一切 N 结构：一对传输线、N 台仪表单元、双向传输多个信号、接线简单、工程周期短、安装费用低、维护容易，彻底抛弃了传统仪表一台仪器、一对传输线只能传输一个信号的缺陷。

（3）可靠性高：现场总线采用数字信号实现测控数据，抗干扰能力强，精度高；而传统仪表由于采用模拟信号传输，往往需要提供辅助的抗干扰和提高精度的措施。

（4）操作性好：操作员在控制室即可了解仪表单元的运行情况，且可以实现对仪表单元的远程参数调整、故障诊断和控制过程监控。

（5）综合管理功能强：现场总线仪表是以微处理器为核心构成的智能仪表，不但可以传输过程变量值和控制输出值，而且还可以传输很多用于设备管理的信息。所以，现场总线仪表能够实现更多的功能。例如，具有温度压力校正的现场总线流量变送器，具有阀门流量特性补偿的现场总线阀门定位器等。

（6）组态灵活：不同厂商的设备即可互联也可互换，现场设备间可实现互操作，通过进行结构重组，可实现系统任务的灵活调整。